孫子兵法理財班

有錢人生的1百萬和3千萬，都從這裡賺到

人終其一生要的，其實很簡單

健康的身體，讓人擁有長青本錢做任何事

健康的財務，讓人做任何事沒有後顧之憂

保險・現金・基金・外幣・股票全盤規劃

陳怡齡 著

好讀出版

目錄

——推薦序

三維空間的投資理財剖析

元大證券投資顧問股份有限公司董事長

《孫子兵法》，這本中國最知名的軍事策略著作，由距今約兩千五百年前的春秋末期大兵學家——孫子所著，在總計十三篇六千餘字的珠璣中，將兵法的奧義集於一爐，瞻之在前，忽焉在後，在談論兵法時，至今仍無人能超越其思考範疇，對世界文明具有無與倫比的影響力。

我於學生時代之時，在老師的帶領下，曾選讀過幾篇《孫子兵法》的文章，雖然不夠深入，但在當時年少的心靈裡，隱隱約約對於所謂的「智慧」，已然埋下了一顆叫做「渴望」的種子。及至出了社會，近三十年來參加過不少管理訓練與講習課程，累積的經驗告訴我，《孫子兵法》的課程讓我受益最大！我也因此延續年少時的渴望，深探孫子經典，在追求智慧的過程中，有了南箴。怡齡與我相識，知其以《孫子兵法》爲基底書撰理財專業，欣喜之餘，提筆爲文推薦，盼對投資人開啓新的視野、不同的思維。

《孫子兵法》所講的雖然是兵學韜略，但其實價值不只在軍事上的用途，而是背後的處世哲學與思維邏輯。怡齡選擇了適宜的篇章，並以篇章背後的哲學與邏輯爲架構，進行投資理財剖析，在「學」與「術」間爲讀者架起三維空間的說理。與其說是投資理財專業書籍，倒不如說是將孫子理論結合了她的人生經驗與專業素養，娓娓述說幾個重要的理財觀念與執行作法，閱讀起來既無生硬教條，亦無艱澀理論，優游其中如沐春風，亦有些許相似之切身經歷，共鳴不已，頗具畫龍點睛之效。

個人於投資理財行業奉獻近二十年，面對無數投資理財案例，閱讀無數理財書籍，累積了多年的經驗，深知投資理財對人生之重要，但能窺其奧義者又非常少。許多有心人，在浩如瀚海的資訊與書籍中沉沉浮浮，找不到正確的方向；許多無心人，其實可以在正確的引導下，規避掉不應落入的風險，進而改變人生。《孫子兵法理財班》這本書就是一個很好的指引，一方面接觸古籍，一方面涉入理財專業，一方面與作者進行人生經驗與知識的交流，非常值得一讀。

最後，感謝怡齡的努力，讓孫子思想得以財經角度面世，也感謝出版商的支持，讓台灣的出版品得以更加豐富。對於有機緣看到這本書的讀者，我相信你們是幸運的。

祝您財務健康

——自序

大部分的人經常對未知的未來感到憂慮，卻始終毫無頭緒該如何免除這份憂慮。如果你跟我一樣堅信「幸福是人生的終極目標」，那就要去探討你憂慮的是什麼，並爲它提出解決方案。我觀察到，人們在生活中絕大多數的憂慮都跟錢有關，坦白說，錢太多與錢太少都是困擾，因此做規畫很重要。

人生充滿不可知的變數，一項變數產生，就可能大大影響我們原本自以爲安穩無恙的生命格局，甚至那些經常以「人各有命，富貴在天」「想／賺那麼多做什麼，誰也不知道下一分鐘會如何？」自我解嘲經濟窘境的人，內心很可能一直潛伏著對金錢、對未來的不安全感。那何不化被動爲主動呢？積極擬定、並落實完整的財務規畫，解除這份對金錢的憂慮，唯有這樣，我們才可能坦然地說：「我把自己的金錢都安排好了，也考慮好了家人的經濟需要，下一分鐘即使老天提前邀請我跟祂一起享受下午茶，我也能安心赴約。」從此，我們才可能過著不必擔心的人生。

人生所有的安排都有它的意義，多年前，在一個朋友的邀請下，我偶然參加了《孫子兵法》研習班，自此便非常喜愛這部流傳千古的重要軍事古籍。雖然孫子談的是軍事哲學，但透過課堂上老師的指導，以及我個人的理解和運用，漸漸發現裡頭博大精深的思想，其實蘊藏著簡單的生活眞理，很多的思維與謀略之道在這幾年幫助我提升了管理能力、應變能力、決策能力，更幫助我體會智、仁、勇的奧義，遇到擾人煩心的事，最終都得以釐清人、事、物的本末，幫助自己生活得更舒適自在些。

我也從《孫子兵法》得到了理財與投資方面的印證。理財與作戰一樣，都要有明確的目標，要了解爲何而做、爲何而戰，才能眞正啓動內在的心靈扳機，落實執行力，接著運用正確的觀念與作法，去規畫可行的財務計畫，那些各式各樣的理財投資商品反而只是最末端的解決方案。

多年來，在財務規畫的工作領域中，我學習到爲別人付出或提供的服務越多，自己得到的收穫會更有價值。給出了正面力量，返回的正面力量會更大。人人都有致富的權利，我每每總將客戶的個案當做自己的情況，進而思考如何做規畫，將自己的起心動念控制在正確位置上，這樣的工作豐富了我的生命。另外，我也學會尊重每個人的選擇，雖然我總是懷抱熱忱，與所有出現在我生命中的人分享財務規畫觀念的重要性，以及這麼做對自己會有哪些好處，但我也慢慢摸索出適時、適地、適人的作法。畢竟，每個人的人生經歷，就像一本本人生之書，欣賞他人，並時時做為自己的借鏡，這使我屢屢更加理解生命的本質。

這次得到這個機會寫《孫子兵法理財班》這本書，內心抱著忐忑不安、興奮的複雜心情，試著從財務規畫觀點再次研讀《孫子兵法》，也意外發現書中思維和現代人理財、投資時應具備的正確觀念，多所符節。這些觀念，對極、也重要極了。因此，我針對大部分的原典篇章寫下一篇篇理財心得，小部分篇章僅稍做引用，但仍於本書附錄列出全文，以饗愛好《孫子兵法》全貌的讀者。同時，我也很期待藉由這本書，分享自己一路學習與實務操作財務規畫的經驗，期望幫助閱讀這本書的所有有緣人，財務更健康，更增人生的幸福感。

第1講

經濟獨立，從理財開始！

財務健康，乃個人與家庭之大事。
問題不在於你感不感興趣或喜不喜歡「數字」，
也不在於你對「財務規畫」有沒有慧根，
學習如何理財與正確投資方法，
只需具備小學的數學程度即可。

第①講　經濟獨立，從理財開始！

【孫子兵法‧始計篇】

孫子曰：兵者，國之大事，死生之地，存亡之道，不可不察也。

故經之以五事，校之以計而索其情：一曰道，二曰天，三曰地，四曰將，五曰法。道者，令民與上同意也，故可以與之死，可以與之生，而不畏危。天者，陰陽、寒暑、時制也。地者，遠近、險易、廣狹、死生也。將者，智、信、仁、勇、嚴也。法者，曲制、官道、主用也。凡此五者，將莫不聞。知之者勝，不知者不勝。故校之以計而索其情，曰：主孰有道？將孰有能？天地孰得？法令孰行？兵眾孰強？士卒孰練？賞罰孰明？吾以此知勝負矣。

將聽吾計，用之必勝，留之。將不聽吾計，用之必敗，去之。計利以聽，乃為之勢，以佐其外。勢者，因利而制權也。

兵者，詭道也。故能而示之不能，用而示之不用，近而示之遠，遠而示之近，利而誘之，亂而取之，實而備之，強而避之，怒而撓之，卑而驕之，佚而勞之，親而離之。攻其無備，出其不意。此兵家之勝，不可先傳也。

夫未戰而廟算勝者，得算多也；未戰而廟算不勝者，得算少也。多算勝，少算不勝，而況於無算乎？吾以此觀之，勝負見矣。

【孫子兵法・作戰篇】

孫子曰：凡用兵之法，馳車千駟，革車千乘，帶甲十萬，千里饋糧，則內外之費，賓客之用，膠漆之材，車甲之奉，日費千金，然後十萬之師舉矣。

其用戰也勝，久則鈍兵挫銳，攻城則力屈，久暴師則國用不足。夫鈍兵挫銳，屈力殫貨，則諸侯乘其弊而起，雖有智者，不能善其後矣。**故兵聞拙速，未睹巧之久也。夫兵久而國利者，未之有也。故不盡知用兵之害者，則不能盡知用兵之利也。**

善用兵者，役不再籍，糧不三載；取用於國，因糧於敵，故軍食可足也。

國之貧師者遠輸，遠輸則百姓貧。近于師者貴賣，貴賣則百姓財竭，財竭則急於丘役。力屈、財殫，中原內虛於家。百姓之費，十去其七；公家之費，破車罷馬，甲冑矢弩，戟楯矛櫓，丘牛大車，十去其六。

故智將務食於敵。食敵一鍾，當吾二十鍾；稈一石，當吾二十石。

故殺敵者，怒也；取敵之利者，貨也。故車戰，得車十乘以上，賞其先得者，而更其旌旗，車雜而乘之，卒善而養之，是謂勝敵而益強。

故兵貴勝，不貴久。故知兵之將，生民之司命，國家安危之主也。

【理財兵法】

〈始計篇〉全文的重點在於：作戰前應具備正確的思維，以及擬定作戰計畫時應考量的方向與重點。用在現代人的個人理財方面，〈始計篇〉也有同等重要的作戰意義。

什麼是作戰應有的正確思維？仔細探究退休人士，那些少數富有或至少經濟得以獨立的人，他們都是從年輕一踏入社會便開始積極理財與投資，財務態度之嚴謹，與一個國家決定是否要派兵上戰場是一樣審慎的。有別於其他人，他們自小便敏銳觀察自己上一代父執輩的諸多生存景況，切身感受「財務不健康」所帶來的煩惱與困境。但對一般人而言，今天不想積極進行理財與投資，也不養成「消費與儲蓄之間需達平衡」的金錢觀，明天仍舊可以踩著不變的步伐安穩度日，不是嗎？除非，生活中出現意外，持續性的收入中斷了，或是已然來到老年階段卻仍口袋空空，否則平日生活中並不會有太大的誘因，足以逼迫我們立刻改變。

其實，當我們意識到自己「需要調整財務狀況」，通常已有好一段時間對現在的生活與金錢的支配，頗感不滿意了。我們內心一方面渴望改善財務現況，一方面又恐懼改變，而積極的那一面會領著自己去聽演講、看書，從中得到啟發，並學到具體可行的方法，但即便如此，若沒立刻行動，好好釐清自己的現況，設定未來目標，決定優先順序作法，幾天後，那些新鮮的啟發與理財方法，就會全被拋到九霄雲外，你還是原來的你，但恐懼改變的心魔卻仍在內心滋養茁壯，久而久之，我們開始說服自己，人生就只能這樣……。這就好比一個經濟疲弱、民不聊生的國家，國家若不拿出魄力與決心，進行建設性的大改革，最終仍將走向自取滅亡的道路。

如果，從此刻開始，我們能深切認知到「財務健康，關係自己的快樂與幸福」，就能真正扣下心靈扳機，展開理財作戰計畫。當定下了財務目標，準備擬定作戰計畫前，請先考量**〈始計篇〉講到的：「經之以五事，校之以計而索其情。」**這是在告訴我們，要先了解自己現在的——

① 經濟條件（收入有多少？如何增加收入？支出有多少？如何降低支出？工作型態的優劣勢？時間的安排如何？應儲蓄的金額是多少？如何做儲蓄？選擇什麼工具？可達到的年增長率是多少？）

② 可運用資源（像是資金、知識、可諮詢的專業顧問，以及有否能取得較低成本的資金與投資管道？）

③ 所處外在環境（包括景氣好壞、人力需求、物價環境。）

〈始計篇〉也提到：「兵者，詭道也。」理財沒有捷徑，原則是固定的，投資就跟用兵打仗一樣，是一種詭詐之術，既然投資是資本增值的唯一管道，除了基本理財知識，我們更要培養很好的財務智商。也就是，在長期持續投資的計畫之外，什麼時候該大膽投資？什麼時候該謹守現金？這些決定都需有穩定的內在支撐，只要目標是明確的，那麼在走向目標的過程中，我們就不會輕易因種種外在變化（例如經濟環境的改變），而被「恐懼」與「貪婪」這兩個如影隨形的人性因子給擊潰心防，忘記基本功，偏離了財富增長的正常軌道。

同時，我也認為每個人都應該立下一個超越個人生活享受的高道德層次目標，一旦內心能默默懷著這樣的願景，在任何處境之下，我們將更容易做出選擇，得以超越當下面臨的困難。

根據美國勞工部統計，每一百位25歲的大學畢業生，經過四十年的工作生涯，到了65歲退休時會有——49人依靠社會救助或親友過活，29人死亡，12人破產，5人必須繼續工作，4人能夠經濟獨立，只有1人是富裕的。反觀台灣，根據內政部主計處統計，每一百位25歲的大學畢業生發展他們的職涯，到了60歲的經濟狀況是——45%低所得，35%中所得，11%已過世，9%高所得。

面對數據所顯示的殘酷事實，你的想法會是——那就積極努力、認眞看待金錢，未來應該就會屬於「高所得與財務獨立（或者富裕）」族群吧？或者你會一笑置之，繼續原來的生活模式，然後祈禱年老時，上天會送你一筆足夠的養老金？還是，你會爲了自己的未來，在財務規畫上重新做選擇？

記得剛從學校畢業時，我壓根不相信這些數據，因爲我身邊的每一個同學、朋友都懷著無比信心與熱忱進入職場，往自己的人生目標前進。但到了不惑之年，從生活中得出了許多觀察與體驗，我們都漸漸相信這些數據的眞實性……。

〈始計篇〉開宗明義就說：「兵者，國之大事，死生之地，存亡之道，不可不察也。」套用在個人與家庭財務上的規畫，又何嘗不需要這樣的見解與態度。從第一段所引用的統計數據來看，爲了能在退休時擠進那10%經濟獨立的小族群，每個人都應

「兵者，國之大事，死生之地，
存亡之道，不可不察也。」〈始計篇〉

＝

戰爭是國家的大事，是軍民生死安危的主宰，
是國家存亡的關鍵，不可不認眞考察研究。

該在有工作收入後就開始理財，畢竟，存錢是累積財富的第一步；只有存錢，以錢生錢，才有機會逐漸擺脫「要工作，才會有錢」的生活。因此，即便你剛踏入社會、收入還很少，仍然可以依照本書所分享的原則進行理財，而且越早開始越好。

如同〈作戰篇〉所言：「故兵聞拙速，未睹巧之久也。夫兵久而國利者，未之有也。故不盡知用兵之害者，則不能盡知用兵之利也。」立刻行動吧，一邊學習，從中經驗，不斷學習，修正錯誤的理財心態與作法，最終一定能養成好的財務習慣。否則就算你哪天達到年薪千萬，也會花得一毛不剩，到了退休年齡時，仍舊如同其他收入很低、且從未能存錢投資的人一般，過得很辛苦。儲蓄未來，這個概念在平均壽命延長與少子化的社會型態下相形重要，但卻是人們最容易忽略的一個重要計畫。這是因為在財務需求上，我們總是習慣選

擇先處理眼前的消費需要，年老「退休」後的自己似乎尚不存在。

世上每個人只要願意認眞工作，努力存錢，聰明且有紀律地理財與投資，就一定能在財務上自足，達到經濟獨立的條件。財務健康，乃個人與家庭之大事。問題不在於你感不感興趣或喜不喜歡「數字」，也不在於你對「財務規畫」有沒有慧根，學習如何理財與正確的投資方法，只需具備小學的數學程度即可。很多僅受過小學教育的婆婆媽媽，都很懂得儲蓄、買賣房地產，最後變得很有錢。處在這個時代，你必須迫切認清一個事實——如果想要後半輩子的人生至少過著安穩的退休生活，擁有一定數目的養老金，可說是年老時能否活得有尊嚴、活得像樣的重要關鍵。理財，絕對是重要且必要的課題。

「兵聞拙速，未睹巧之久也。夫兵久而國利者，未之有也。故不盡知用兵之害者，則不能盡知用兵之利也。」〈作戰篇〉

＝

在軍事上，只聽過指揮雖拙但求速勝，沒聽過爲講究指揮工巧而追求曠日持久戰的作法。從不曾聽過「戰事久拖不決對國家有利」這種事。所以，未能全盤了解用兵弊端的人，是無法眞正理解用兵益處的。

要自由，先有錢

如果一個人到了45歲都還沒辦法經濟獨立，得到處張羅生活費，那麼他的財務學分肯定是不及格的。如果你還不到這個年紀，卻處於有一搭沒一搭的經濟狀況，或者有些負債，請靜下心來看看自己到底出了什麼問題。是眞的錢賺得太少？爲什麼總是賺這麼少？或是花得太多？或是每次正好存了一筆錢，就會出現妖魔鬼怪把錢拿走？或是投資老是賠錢？生活中總會出現一些變數，打破自己正在執行的理財計畫？或是家裡總會有人捅出紕漏，得讓你拿出錢來解決問題？……不管是什麼理由綑綁了你的經濟現狀，它都不該成爲你一窮二白的藉口。面對自己眞正的問題，有心想解決，你就會在這本書找到方法。

如果你一不小心就到了、或者超過45歲的年齡，又正好屬於財務學分不及格的族群，請不要怨天尤人，怪罪老天不眷顧你，怪罪沒有遇見伯樂，怪罪環境變化時不我與，怪罪家人不夠體諒你……怪足了一切，就是忘了檢討自己。你相信嗎，其實全天下人都知道你的盲點，只是爲了配合你而演出，不忍心拆穿你罷了。請把面具拿下來吧，承認自己經驗上的錯誤，不要氣餒，這樣的表現才是眞正的勇者。無論你生在什麼環境，上天都會爲每個人預備機會，而且機會多多，不分年齡。當你願意眞正面對自己不及格的財務問題，決心改變它，你仍然可以重修學分，讓自己的經濟起飛，獨立起來。

如果你問我，身爲一個人，無論男或女，最根本要的是什麼？我認爲是自由，而且是全方位的自由。從踏入社會一路到現在，從追求到擁有，我一直朝著身體的自由、心靈的自由、財務的自由去努力，後來更意外發現這三項追求會互相影響，互相成就一個正向循環，而且還會帶來更多好的循環。

簡單地說，有錢能讓你的生活有選擇，有錢能讓你掌握機會、創造機會。像是我先生和我的工作都非常忙碌，沒有時間洗燙衣服，我們選擇外包給洗衣店處理，讓自己輕鬆些，減低時間壓力，也讓洗衣店老闆有生意可做，我們也恰好可利用換來的時間多多相處、休閒，或思考如何提升自己與彼此的未來。此外，二〇〇八年碰上了百年難得一見的全球性金融海嘯，如果你有錢，就可以危機入市，以超乎尋常的低價，買進優質企業的股票，輕易成爲股東之一，這是多麼令人振奮的投資機會；任何人都可運用這樣的良機，一次賺足一筆房屋貸款，或者一次完成退休金的準備。

財富自由，人生選擇變多了

我有一個客戶，先前為了兒子不適應台灣學校的教育方式，一直很煩惱，後來研究美國與英國的教育方式，跟孩子取得共識後，讓兒子到英國就學，現在兒子在英國念書適應得很好，她也終於卸下心裡一顆石頭。能有這樣的選擇與安排，也是因為她負擔得起兒子在英國就學的費用。

另有一個長輩，初入社會時進入紡織工廠擔任業務工作，下班後他會把工廠廢棄的布料整理好，拿去擺地攤。雖然擺地攤賺的錢比白天上班的收入還高，但他心裡很明白，擺地攤是靠勞力賺錢，很難有機會提升，賺到大錢。所以，他將白天努力工作賺來的收入，用來支付所有生活開銷與小額儲蓄，晚上擺地攤賺來的錢則依照財務規畫原則全數存起來，進行合理的投資分配，靜待恰當的時機到來。幾年後，紡織廠老闆由於私人因素要賣掉工廠，這位長輩手上也累積了不少資金，再加上向銀行貸款了部分資金，他於是買下這家工廠接續經營，最後，他在不到50歲年紀就完成了自己的財務目標，退居幕後，過著自己想要的退休生活。

來到廿一世紀的現在，我還是經常碰到夢幻女性，她們總幻想要找到一位有錢的白馬王子，從此過著多金生活。如果把幻想變成實際計畫，要想成功，機率當然是有的，那得從擁有吸引人的性格、充實自己的內外條件，到具有很好的財務觀念才行，如此，未來便毋須擔心一不小心就會失去所有。

舉兩個截然不同的少奶奶實例。曉芳嫁給愛她又多金的先生之後，就決心當個貴婦，每天跟朋友逛街血拚、吃美食、做SPA，買屋換屋，不時重新裝潢改換心情，身邊的女性朋友都羨慕得很。直到有一天回家，她發現從事進口生意的另一半在書房上吊自殺，接著債主也上門了，這才知道幾年前，先生的生意就已走下坡，但爲了男人的自尊與滿足太太要求的生活水準而負債累累，最後竟無法面對債務雪球。多年來，曉芳除了享受，對於收支狀況完全不關心，除了花錢完全不懂如何處理金錢，如今孩子還小，人生仍漫長，面對這樣的處境，她崩潰了。

而玫君的先生也是做生意的自營商，婚後玫君除了相夫教子，還很積極學習各種理財與投資的相關資訊，每年年終聽到先生自豪地向她炫耀獲利數字，她就使上女人最厲害的武器，撒嬌地跟老公要一大筆額外的錢。原因除了她想參與國外更多的投資機會，也考量到先生的資金都在生意上，這些錢最好是隱藏的資產，以防生意有個萬一，可以不受債權的追索，於是她才會想把錢匯到國外做一些規畫。後來先生不幸生意失敗，正爲了數千萬的負債憂愁，玫君看在眼裡，悄悄在一旁等待最後的關鍵時

「經之以五事，校之以計而索其情：一曰道，二曰天，三曰地，四曰將，五曰法。」〈始計篇〉

＝

必須審度敵我五個方面的情況，比較雙方的謀畫，以認識戰爭的情勢。這五個方面，一是政治，二是天時，三是地利，四是將領，五是法治。

刻，待她了解先生的全盤狀況後，便重新整理海外投資，贖回資金，幫先生解決債務之餘，還備妥了東山再起的本金。後來，玟君的先生事業又逐漸起色，他便決定把賺來的財富都交給玟君管理，一家人齊心合力管理家庭財務，感情也更彌堅。玟君保障了自己與家庭財務的穩健作法，相當符合〈始計篇〉當中「經之以五事，校之以計而索其情：一曰道，二曰天，三曰地，四曰將，五曰法。」與「計利以聽，乃為之勢，以佐其外。勢者，因利而制權也。」的思維。

每個人都應該要經濟獨立，無論你現在的位置與角色是什麼，都應該具備財務知識，並確切執行所擬定的財務計畫，讓經濟獨立帶給你自由！

金融海嘯始末6省思

二〇〇八年是很值得記憶的一年，我感到很幸運，能經驗媒體口中所謂百年難得一見的全球性金融海嘯。回想自己踏入社會至今，這次的熊市並不是第一次，自然也不會是史上最後一次。我不禁問自己從中得到了什麼啓示、累積了什麼經驗，能在未來的人生受用，幫助自己與他人在面對下一次經濟衝擊時，心境得以泰然自若，財務仍能持盈保泰。我歸納出了以下幾個心得——

① 市場過熱

過度往一個方向發展，將會反彈，導往另一個反方向發展。簡單來說，當你在任何場合都聽到大家熱中於投資，就是一個需要高度注意的訊號了，這時應將手上的投資部位進行獲利了結。

② 逢低進場

市場經過一段時間終究要回歸景氣。通常，在投資環境惡劣與投資氣氛低迷的情況下，絕大多數人因

「計利以聽，乃為之勢，以佐其外。勢者，因利而制權也。」〈始計篇〉

‖

籌畫的有利方略受到採納後，就形成了一種態勢，可輔助對外的軍事行動。所謂態勢，即依憑有利於自己的原則，靈活應變，掌握戰場的主動權。

害怕失去所有，而會把錢轉進所有保守的投資工具。事實上，這時候應該要檢視自己手上的配置，選擇轉換至另一個表現相對較佳的同類型標的，或者繼續持有。有現金的人，更應該具備勇氣介入市場。

③ 駕馭恐懼

羅斯福總統曾留下名言：「我們唯一的恐懼便是恐懼本身。」「焦慮只會引發焦慮。」一般投資人都傾向買高賣低，便是受恐懼駕馭的寫照。面對恐懼，理性地處理它，這裡分享可安然度過人性面挑戰的三個方法，第一是遠離媒體的頭條，第二是把投資報告先收到抽屜裡，第三是找一個具備專業知識與良好心理素質的財務顧問或朋友，尋求支持。

④ 分配財富

每個人都要爲風險做準備，長輩常說：「晴天時，就要爲雨天備傘。」如果你具備了以下的財務觀念與理財方式，也就是：先依照財務合理分配原則「3:3:3:1」去分配每個月的收入，然後再依照「無風險理財方程式」去配置目前已累積的金錢，建立正確的投資組合。那麼，無論是受到經濟大環境重創，資產暫時縮水、或者短期內因待業而沒有收入，這份財務計畫中的生活緊急預備金（約三個月的生活費）或是可調整的流動性資產，都可幫助你因應這些變化，不致影響到你的正常生活。※（本書〈第三講〉將詳述「財務合理分配原則」「無風險理財方程式」）

⑤ 定存保本？

在長期通貨膨脹的影響下，事實上，每個人都需要參與投資，建立一套穩健的投資組合。請別以為把錢存在銀行才叫做「存錢」，事實上，放在其他投資工具如定期定額基金、或是儲蓄保險，也是存錢的其他方式。我認同，每個人都要準備等同於自己年齡的低風險保守部位存款，當作老本，而且不能有一丁點風險。但在這裡特別提醒，請務必確實做到「保本、保值」，你的老本要能對抗物價上漲的幅度，確保這筆錢能維持一貫的購買力，這樣才能追上通貨膨脹的腳步，錢才不會一點一滴變小，然後被吞噬。

除了存錢，你還需要參與投資，才有機會走上致富之路。為什麼呢？據台灣媒體報導，台灣在二〇一〇年二月的消費者物價指數（CPI，計算一般物價漲幅）年增率為2.35％，創下近十六個月來的新高。如果以二〇一〇年三月的定存年息約1％計算，意味著錢放在銀行帳戶做定存，只能產生1％的利息，扣除消費者物價指數的上漲幅度2.35％，你的實際利息所得是-1.35％，錢可是嚴重縮水呢！

⑥ 愼選投資工具

務必讓你的投資工具單純化，選擇保險、債券、銀行存款、股票、基金，別碰連動式債券、連動式債券保單、期貨、選擇權等「衍生性金融商品」。投資之神巴菲特曾用一段話貼切形容衍生性金融商品：「衍生性金融商品就像性愛，問題不在於你跟誰睡，而是它又跟誰睡。」你根本無法計算後端的投資風險，除非政府以更嚴謹的態度管理、揭露更多資訊。

事實上，有很多人喜愛「投資」遠勝「保本」，這是因爲任何保本保值的財務規畫目標，僅能追上物價上漲的幅度，報酬率並不吸引人。在二〇〇八年這一年，無論是直接投資股票，或透過共同基金做投資，抑或透過投資型保單參與共同基金做投資，甚或透過衍生性金融商品（如連動式債券）進行投資，你的資金應該都會大幅縮水，而且幅度在20％～100％不等。如果你是熱中投資的人，那麼你不僅沒有現金可翻身，財富狀態甚至可能至少倒退十年，甚或更糟。如果你正好計畫在二〇〇八年或幾年後要退休，那退休金可就眞的嚴重縮水或泡湯了。

到底，我們理財與投資所追求的，是有錢一輩子，還是有錢一陣子？如果是想有錢一輩子，那麼你可能需要清楚認知以下這件事：得把錢明確切割成兩塊來規畫，一塊是針對退休養老用的，只要保本保值，不求超額的報酬（報酬等於相對的風險），有了這些錢，退休後的生活就不致陷入困境。另一塊是針對資本增值、走上致富之路用的，最妙的是，如果你願意這麼做，在金融海嘯重創全球股市之際，你就可靈活調節「保本保值退休養老規畫」中的「定存部位」，大膽買進優質股票或股票型基金，一年翻倍後獲利了結，再重新根據「無風險理財方程式」分配資金，把該回到「定存

理財小典

何謂衍生性金融商品?

衍生性金融商品的定義，指其價值是由利率、匯率、股價、指數、商品或其他利益及其組合等所衍生的交易契約，例如：遠期契約、選擇權、期貨、交換暨上述商品組合而成的複合式契約等。

簡單舉例：我先生跟我達成一個協議，如果我能夠在兩個月內成功減重六公斤，他就給我NTD10萬。雖然我先生評估過我的飲食生活習慣，認為達標的可能性很低，所以很放心地給了我一個大誘因。但由於是否能減重成功的主控權操之在我，他仍有支付我NTD10萬的可能性，於是他想替自己買份「保險」，就找了我哥哥（他絕不相信我能抵抗得了美食誘惑，並且開始運動）談條件：我給你NTD1萬，如果怡齡在兩個月內減重六公斤，你就幫我付NTD10萬給怡齡，如果怡齡失敗了，這NTD1萬就是你的了。

這項協議與損益的指標，是衍生於兩個月後我的體重成果，但結果卻不是他們兩個協議雙方所能控制的。我先生願意拿NTD10萬賭我減重，他必須先評估判斷我達標的機率有多高。如果我達標了，我先生僅損失NTD1萬（這角色就像商品發行機構，也像是賭博的莊家），對他而言，衍生性金融商品是替自己買了保險，我哥哥則損失NTD9萬，對哥哥而言比較像是在賭博，這就是衍生性金融商品的運作模式。

如同期貨契約的價值，來自某個特定日期的商品交易價格，如果最後商品價格比契約訂的還低，那賣出這筆期貨契約的人就贏了，因為在期貨合約中獲得的補償可彌補現貨的損失。相反的，如果最後商品價格比契約訂的還高，那買進這筆期貨合約的人就贏了，因為他可以用低於市價的價錢買到商品。

部位」的錢，原封不動地放回原來的計畫，而這段期間創造出的等額資金，就可平衡你在「投資部位」的損失。這樣的作法，正符合了〈始計篇〉所提到的：「勢者，因利而制權也。」（見頁二十五）

「財務計畫」可以等於「生活目標」

回憶剛踏入社會之初，我想要有很多錢，可以買漂亮的衣服、鞋子、配件，可以享用美食、參加各種旅遊活動，遺憾的是賺的錢總是不夠花。23歲發生那場嚴重車禍時，我才剛畢業不久，進入職場沒幾個月，卻已成為標準的「月光族」。那段時間為了增加收入，我在晚上兼差當家教，收入多出35%，卻還是擺脫不了月光族的命運。直到車禍後，面對初期七個月裡脊椎受傷未見好轉的殘酷復原狀況，以及倘若醫生預言成眞，未來我眞的會全身癱瘓，這場意外事故將為我的家庭帶來何等慘痛的長久經濟代價，這才讓我對合理而有餘裕的財務規畫，產生了強烈需求。

十分幸運的是，經過兩年的治療與休養，我終於得以重回職場，那時第一個念頭就是要學會如何理財，擺脫月光族，否則缺乏正確的財務觀念，賺再多錢也一樣不夠花。這時候的我，對錢的想法，已從純粹為了消費而想要有錢，轉變成對風險產生的財務危機有很深刻的感受。

身處在投資理財資訊大爆炸的環境，投資理財已經快要變成全民運動。在多頭市場裡，只要不是買到地雷，幾乎人人都有獲利空間，這對生活與財富的累積或多或少都有幫助。但經歷二〇〇八年這場全球金融大海嘯，很多人的財富大縮水，突顯出原本的理財與投資作法其實是經不起考驗的。糟的是，失業的人應付不來原本的生活開支，而借錢進行投資的人則是身負債務。這使我發現，許多人並不清楚什麼是財務合理分配原則「3:3:3:1」，不懂依此去分配每個月的薪水收入，有紀律地執行財務計畫，也不知道可利用所謂的「無風險理財方程式」，配置自己已累積的資產，用以搭配合適的投資組合。

〈始計篇〉提到：「夫未戰而廟算勝者，得算多也；未戰而廟算不勝者，得算少也。多算勝，少算

「夫未戰而廟算勝者，得算多也；
未戰而廟算不勝者，得算少也。多算勝，少算不剩，
而況於無算乎？」〈始計篇〉

＝

籌畫周密、具備條件就能取勝；籌畫不周、缺乏條件
就無法取勝，更何況是不做籌畫、毫無條件呢？

不勝，而況於無算乎？」如果你想擁有一定的生活品質，希望在財務方面游刃有餘，那就需要定下明確的生活目標，結合適當的財務計畫。以我初期的財務目標而言，我只是很單純地想透過理財，讓收支處於一個平衡合理的狀態，因爲我實在厭煩了「每個月收入再怎麼增加，仍無法應付開銷」的窘境，我想知道該怎麼分配收入才能不缺錢，還可以存下錢。

所以，我的該階段財務計畫就是去了解自己的每月收入進帳後，可用在食衣住行育樂的金額是多少？可以強迫儲蓄的金額是多少？可以增加收入的方法是什麼？如果有一天發生意外，影響所及需要大筆支出，我是否來得及做好財務上的準備？

後來我意外發現，有了明確的財務計畫之後，面對想購物的欲望時，腦袋就會出現一個聲音：「這是我預算內可以用的嗎？」這確實有助我面對各式各樣的購物衝動，當然，我也有被欲望征服的時候，所以剛開始執行計畫，過程眞的很痛苦，自然也做得不夠徹底。如何面對自己易受物質誘惑的人性弱點？答案只有一個，那就是——找到自己最想要的目標，之渴望到你願意爲這件事付出代價，然後做些改變。本來，我以爲自己理財的最大動力，是出於對脊椎受傷、後半生癱瘓的恐懼，後來才發現我是想出國旅行，走遍全世界。

因爲車禍，我比同學晚兩年眞正進入職場，當同學第一次邀請我到香港玩，我竟然連兩萬元的旅費都付不起，心裡感到很沮喪，於是請教同學該怎麼做才能有錢，這才知道她有強迫自己儲蓄的習慣，我也下定決心要向她看齊。當時，我內心有股非常強烈的力量，發誓「絕不再因爲沒有錢，而完全喪失選擇」的權利，我可以選擇去或不去香港（或任何地方），就是不可以連選擇的權利都沒有。

你呢？支撐你做到「面對人生不同階段，長期執行不同財務計畫」的動能在哪裡？你找到了嗎？如果還沒有，很可能是你還沒眞正找到生活的目標。這時候，建議你應該給自己一段不被干擾的時間，思考自己到底要什麼，如果找出一個方向很困難，那就先以人生中無可避免的財務目標（即生活目標）做爲起始點，像是短／中期的財務目標如買車、買房、遊學、結婚、子女教育基金，以及長期的財務目標如退休金準備等等，在這漫長的過程中，相信你會漸漸找到自己眞正的動能。當你扣下理財的心靈扳機，一段時間之後，你會發現自己愛上了累積財富的過程，並無意中發現自己在其他面向的潛能。

學習理財，人生層次變豐富

年輕時發生嚴重車禍，雖改寫了我的健康，但回過頭來看這個過程，我看到上帝為我準備的禮物，並帶著這份恩典一直走到現在與未來。如果不是這場車禍，我沒有機會看到自己的自私與傲慢。23歲以前，我一直過著茶來伸手、飯來張口的生活，以為擁有的一切都是理所當然，無法體會父母的辛苦，不知道健康的身體有多麼重要，只做自己想做且願意做的事，自認活得很自在，卻不知道這麼自我的性格，讓身邊關心我的人感到很頭痛。我甚至曾懷疑，無法眼見為憑的上帝是否眞的存在。

想一想當時的自己，眞是極度無知且傲慢，所以才會付出這麼深痛的健康代價，這才體會到自己應該修正些什麼，以走向這一生眞正的道路，經驗內在生命最初的選擇。車禍事故之後，漫長的治療與復健過程帶給了我許多學習，那是一生中最寶貴的一課。天助自助，只有當你懷著信心、希望與勇氣，去面對生活中種種挑戰與困難，你才有機會在走過之後，看見上帝為你預備的禮物。

在這堂寶貴課程中，我看到了生命的脆弱與堅韌，看到自己不能承受之輕，領悟了要好好重視自己身心靈與財務的健康。我充分了解到，當發生人身風險時，對個人與家庭帶來的全面性影響，每一個關心自己的家人，最後都會在身心靈與財務上受到重創，陷入長期的困境。因此，爲自己的財務架設一張安全網，是非常重要的規畫，否則只要產生一項變數，就會改寫原本的財務結構。假如當年我眞的癱瘓了，已完成退休準備金預備的爸爸，就得意外拿出錢來支付我龐大的醫療看護費用，使他和媽媽原本計畫的退休生活受到波及；甚至，我還可能拖累自己的哥哥與妹妹，得依靠他們的收入維繫我那後半段漫長、卻形同累贅的生命。倘若一個家預備的資金足夠因應這類人身意外變數，那麼在理財上的考量，就僅需要考慮如何保全資產（正確的資產配置，輔以良好的投資組合，而非胡亂投資把錢賠光）；但倘若家中資金不足以因應變數，那麼除了考量如何保全資產，還需要去創造用以應變的資金（買保險）。

如果沒有車禍的這段經歷，至今我可能還是一個對理財沒概念，對錢的認知僅是用來買想要東西的月光族。幸好，仍有「不可以負債，不可以跟別人有金錢往來」的家訓深植在心，所以借錢的念頭從不曾在我腦中閃現。有趣的是，關於如何降低支出、減少「想要」的欲望，這些念頭當時也不曾在我腦中停留片刻，所以我那時唯一的想法就是增加收入。因此，我也要感謝自己，感謝面對問題時那份永不放棄的性格與正面態度，才會使我日後這麼努力研究「該怎麼投資理財以規避風險」，並加以實踐，而且之後眞正累積了財富，完成自己的財務目標。

《失落的致富經典》這本書有一個說法：「我們生存的動力有三種：我們會為了追求身體的成長而活，我們會為了追求心智的成長而活，我們會為了追求靈性的成長而活，這三者沒有誰比誰好或高尚，所以身心靈一定要平衡，一定要共同成長。」奇妙的是，我在追求致富的過程中，竟總能適時衡量自己是否不斷地超越自我，做好眼前的工作，並清楚自己要的是什麼，也才有機會成就更完整、更具圓融成熟人格特質的自己。俗話說：「個性決定命運。」正面思考是，改變個性就可以創造命運。一路學習如何理財與正確投資，不僅幫助我認識自己在恐懼與貪婪方面的人性弱點，並努力找尋方法克服這些弱點，也引導出我個人在財務規畫方面的強烈興趣與潛能，琢磨成專長，用以幫助自己與他人完成人生不同階段的財務目標。

你相信嗎？我說了這麼多人生的收穫與好處，竟都是受惠於認真投入財務規畫領域。掌握聰明工作要領以提高收入，簡單進行理財，正確做投資，然後快速累積財富，增加非工資收入……我讓自己提早享受了「財富自由」，在這裡，我也要大聲告訴你：「理財，將會讓你成為人生最大的受惠者！」

理財大事Q&A

Q 在銀行申購的海外基金，算是海外資產嗎？

A 不算，基本上在銀行申購海外基金（Overseas Fund），我們所取得的僅是銀行的「指定用途信託憑證」（簡稱受益憑證），意即：投資人信託銀行代爲申購基金，基金公司所製發的受益憑證，上面的投資人名義指的是委託銀行，而非實際的投資人。因此對投資人而言，海外基金是你在台灣的資產（僅能以台幣進行投資），只是你所投資的市場遍及全世界，最終贖回時，仍須透過申購銀行辦理，由銀行換算台幣與該商品計價幣別之間的匯率後，讓資本利得回到你台灣的銀行帳戶，而這樣往往很容易因時間差，產生匯率損失（海外基金贖回時間約七至十天）。與海外基金相對的是「境外基金」（Offshore Fund），這是指我們直接向境外金融機構購買基金，成爲直屬投資人，直接以外幣投資基金，贖回時，當然也是直接拿到外幣。

事實上，包括申購海外基金在內，在台灣境內做的任何財務規畫，例如股票、銀行存款、債券等，甚至是在銀行開外幣帳戶，都只能算是境內投資。與境內投資相對的自然是境外投資（境外基金即其中一環），這是指投資人必須在國外的銀行開有外幣戶頭，直接以外幣，向國外的保險／基金／證券公司開戶申購金融商品。

Q 什麼樣的資產規模，可以進行海外資產配置（境外投資）？

A 資金只要符合海外金融體系的開戶門檻、或是申購金融商品門檻，就可以參與。門檻視各金融機構在市場上的定位而有不同規定：

① 國外保險公司與商業銀行，對外國人士開戶與申購商品門檻約略爲：

(1)保險：年繳美金一千元以上。

(2)定期定額基金：月繳美金五百元以上。

(3)單筆基金：美金一萬元以上。

(4)存款：美金兩萬元以上（低於門檻會收月保管費）。

② 國外私人銀行開戶門檻，約略爲美金一百萬元～三百萬元以上。

③ 國外投資銀行開戶門檻，約略爲美金一百萬元～五百萬元以上。

Q 可以透過什麼管道進行海外資產配置？

A

① **自己來：**飛到海外當地，在當地的金融機構開戶申購，買保險（保險公司）、基金（基金公司或代銷機構）、股票（證券公司）。

② **自己來＋網路：**透過網路直接索取申請書，再自行到銀行匯款至基金公司或保險公司指定銀行帳戶，之後將匯款水單與申請書寄給基金公司或保險公司，等候憑證。

③ **財務顧問：**透過財務顧問（Independent Financial Adviser）協助，評估你的財務現況與目標，取得量身訂作的投資組合建議後，自行到銀行匯款至基金公司或保險公司指定銀行帳戶，之後將匯款水單與申請書一併委託財務顧問，協助寄達基金公司或保險公司，與前述兩個管道相較之下，多了專業諮詢與服務。

第②講

理財之初，架設財務安全網

完整的人身風險規畫包含了「壽險」、「醫療險」、「長期看護險」，在資金尚不充裕、必須做取捨時，擁有壽險是第一優先選擇，其次是醫療險，最後是長期看護險。

第2講 理財之初，架設財務安全網

【孫子兵法・謀攻篇】

孫子曰：凡用兵之法，全國為上，破國次之；全軍為上，破軍次之；全旅為上，破旅次之；全卒為上，破卒次之；全伍為上，破伍次之。百戰百勝，非善之善者也；不戰而屈人之兵，善之善者也。

故上兵伐謀，其次伐交，其次伐兵，其下攻城。攻城之法，為不得已。修櫓轒轀，具器械，三月而後成，距闉，又三月而後已。將不勝其忿而蟻附之，殺士三分之一而城不拔者，此攻之災也。

故善用兵者，屈人之兵而非戰也，拔人之城而非攻也，毀人之國而非久也，必以全爭於天下，故兵不頓而利可全，此謀攻之法也。

故用兵之法，十則圍之，五則攻之，倍則分之，敵則能戰之，少則能逃之，不若則能避之。故小敵之堅，大敵之擒也。

夫將者，國之輔也，輔周則國必強，輔隙則國必弱。

故君之所以患于軍者三：不知軍之不可以進而謂之進，不知軍之不可以退而謂之退，是謂縻軍。不知三軍之事，而同三軍之政者，則軍士惑矣。不知三軍之權，而同三軍之任，則軍士疑矣。三軍既惑且疑，則諸侯之難至矣，是謂亂軍引勝。

故知勝有五：**知可以戰與不可以戰者勝**；識眾寡之用者勝；上下同欲者勝；以虞待不虞者勝；將能而君不御者勝。此五者，知勝之道也。

故曰：知彼知己者，百戰不殆；不知彼而知己，一勝一負；不知彼，不知己，每戰必殆。

【理財兵法】

〈謀攻篇〉很單純地在傳達一個簡單、卻不容易做到的真理，那就是——做任何事都應該具備全勝的戰略，才能有圓滿、全面的勝利。《孫子兵法》談的雖然是用兵打仗應有的正確思維、原則與方法，然而並不主戰，因此**〈謀攻篇〉一開始就提到「百戰百勝，非善之善者也；不戰而屈人之兵，善之善者也。」**孫子明白指出**「上兵伐謀」**是最聰明的作法，且提醒**「攻城之法，為不得已」**，可見愚勇武力會帶來很大的傷害，若未經冷靜思考、完整規畫而行，伴隨的就是災難。

我們常在生活周遭看到很多積極勇敢的投資人，內心只想依賴媒體資訊或小道消息做投資賺錢，投資之前雖有一些小小的擔心，卻夾雜著更多的期待，夢想賺了錢之後，可以做這個、那個讓自己開心的事，因而如果投資失利，便煩惱得睡不著覺。

「百戰百勝，非善之善者也；不戰而屈人之兵，善之善者也。」〈謀攻篇〉

＝

百戰百勝，並不是最高明的作法；
不經交戰而能使敵人屈服，這才是最高明的。

「上兵伐謀，其次伐交，其次伐兵，
其下攻城。攻城之法，為不得已。」〈謀攻篇〉

＝

用兵的上策，是以謀略戰勝敵人；其次是挫敗敵人的
外交聯盟；再次就是直接與敵人交戰，擊敗敵人的軍隊；
下策就是攻打敵人的城池。選擇攻城的作法，
是最萬不得已而行之。

其實，進行了一項投資之後，除了祈禱能夠賺錢，是完全無法掌握任何狀況的，像是這筆錢能投資多久？萬一投資初期的表現，不如自己原先規畫的短期目標，是否應把這筆錢與這項投資轉為中、長期計畫？如果沒轉換，會不會因一時緊迫需要贖回資金而導致最終無法獲利？……事實上，這類行為可不能稱為「投資」，只能稱做「賭博」，賭博的結果永遠是慘烈的，最終一定無法保全財富，滿足自己的人生需求，創造想要的幸福感。

我常說，有錢、沒錢都煩惱。沒錢的人，煩惱「萬一」生病或意外受傷，沒辦法工作，沒有收入，而且支出還會增加，是不是有閒錢可以應付？可以應付多久？萬一提早離開人世，又煩惱失去自己這一份收入，會不會影響家庭生計？假

設人生沒發生什麼意外，一路來到退休年齡，這時年紀大了不容易再找到工作，退休金又少得可憐，便開始煩惱漫長的後半生該如何面對？有錢的人，並無上述煩惱，那他們煩的是什麼？有錢人煩的是財產該怎麼分配與轉移，才能讓自己在生前有主控權，不被家人遺棄；在身後能使財產免稅，順利交給自己心愛的家人，免得家人為了錢失和。以上沒錢有錢的所有煩惱，分析之後可簡單歸納出四種財務風險——

1. 人身風險
2. 人為風險
3. 投資風險
4. 稅務風險

如果你想確保自己的人生衣食無缺、財務永保安康，為退休後的人生打造穩固的財富基礎，並且連財產轉移都做好妥善規畫而深感心滿意足，最終得以微笑著離開人世，那麼就要好好運用**〈謀攻篇〉「必以『全』爭於天下」的思維**，「全」這個字運用在理財與投資上，便是做好風險管理，為自己的財務架設安全網。

中國字很美，每個字都有它的深層意涵，如果我們以「贏」這個字來表示自己達到目標、成就想要的人生，自然也可從這個字深入了解擬定財務計畫時，需考量的所有面向，以提高計畫的成功率。「贏」的第一部首是「亡」，代表執行一個財務計畫時，心態上需具備堅定信念，置之死地而後生，而在思考計畫時，首要注意規避風險，並且居安思危。

〈謀攻篇〉談到「故善用兵者，……必以全爭於天下，故兵不頓而利可全，此謀攻之法也。」同理，善於理財的人，必定會用全勝的計畫，盡力達成人生的財務目標。擬定任何計畫時，只要心中有「萬一」這項思考與準備，一定能考慮得較周全，遇到任何意外情況或變數時，自然有變通的替代方案。如此一來，在執行計畫的過程中內心就不會產生憂慮，即使眞的發生變數，也能從容應付。以這種方式去擬定計

「故善用兵者，……必以全爭於天下，
故兵不頓而利可全，此謀攻之法也。」〈謀攻篇〉

＝

善於用兵的人，……一定要用全勝的戰略爭勝於天下，
這樣既不會使自己的軍隊疲憊受挫，也能取得圓滿
全面的勝利，這便是以謀略勝敵。

畫，可說與「贏」的第一個關鍵因素不謀而合。

財務安全網「人身風險」：買保險有保障

年輕時經歷的那場嚴重車禍，很可能使我全身癱瘓，導致我的家庭產生額外財務需求，這件事讓我個人、家人與朋友，無不對人身風險有了更深一層的認識。我爸爸這輩子一直很兢兢業業地管理自己的財務，結婚生子後，家庭的經濟責任全落在他一個人身上，買房子付房貸、養家、準備子女教育基金，以及未來的退休養老基金全都一手包辦。令人欽佩的是，爸爸僅靠著一份薪水，加上認眞的理財與正確的投資分配，在我們完成學業之後，他也確實在退休前完成全部的財務計畫。

難得的是，爸爸很早就接受了保險觀念，他知道這能提供家庭面對意外時所需的財務保障，他並且在我們三兄妹踏入社會、拿到第一份薪水時，就把保險業務員找來家裡，要我們自己買下人生第一份保障。然而，這看似完善的保險考量，對於車禍意外後，未來我在身體與財務方面可能要面對的困境，仍然有缺口。我的第一份保單，的確解決了住院期間的醫藥費補償，卻無法解決萬一眞的癱瘓，後續的長期治療與看護費用。如果這最壞的情況發生了，我即將面對的不僅是沒有尊嚴的人生，甚至會透支了爸媽的退休養老金，與哥哥、妹妹的未來。

這樣的經驗值，使我日後在進行財務規畫時，很自然地便將〈九地篇〉所提的「九地之變，屈伸之利，人情之理，不可不察也。」考慮在內。作戰時恰當運用地形，就如同每個條件與資源不同的人，在打造個人財富大廈的過程中，若懂得善用保險，必能擁有最起碼的人生保障。想要有錢，是我身體復原後回到職場的第一個念頭。當下，在我尚未擁有足夠財富以支應人生各種意外之前，爲自己架設一張沒有缺口的財務安全網，無疑是最重要的功課，而保險正是我財務計畫裡不可或缺、且首要需執行的任務。當然，保險在我財務計畫中扮演的角色、運用的類型，會隨著我財務累積的實際狀況與需求而改變。我盡可能以最完整的考量面對自己的財務準備，而這正符合了「謀攻之法」。全方位考量、並且貫徹施行全勝計畫，能讓人生活無慮，更加自由自在。

「九地之變，屈伸之利，人情之理，
不可不察也。」〈九地篇〉

||

九種地形的應變處置，攻防進退的利害得失，
全軍上下的心理狀態，這些都是做爲將帥
不能不認眞研究和周密考察的。

①單身人士的保險規畫

一個剛踏入社會的年輕人，就財務風險管理的優先順序來看，「人身風險」將是第一個要規畫的項目。完整的人身風險規畫包含了「壽險」、「醫療險」、「長期看護險」，在資金尚不充裕、必須做取捨時，擁有壽險是第一優先選擇，其次是醫療險，最後是長期看護險。

雖然美國壽險協會對壽險需求的定義是：「一個人活在這個世界上，若沒有任何人需仰賴你而生存，你就可以不用買壽險。」但我個人卻持不同看法。如果車禍那一年，上帝直接把我帶走，我未留下任何壽險保障給家人，確實一點也不影響他們的生計，他們只是帶著遺憾，繼續踩著原來的步伐，走自己的人生。問題是，上帝覺得我的使命尚未完成，留下了我（我一直覺得，我的生命故事就是用來提醒大家：一定要做好最完整的風險管理，才有機會獲得較圓滿的人生），順便也留下待解決的各種人生處境，我這才發現，沒有長期看護險與更高額度的壽險，可是會讓自己與家人惶惶不安啊！

一個沒有存款、沒有買保險的人，萬一生病或發生意外，收入中斷，癱瘓或中風了，雖然醫療方面有健保保障，但他心中必定充滿了不安與愧疚，因為他沒有長期看護險的保障能支付每月的看護費用，以舒緩家人的經濟負擔；更沒有壽險保障能讓他免於被家人遺棄，以及在身後能就理賠金安置自己，並彌補家人所付出的一切，讓他們之後的生活可以得到照顧。難怪社會新聞中常可看到一些年邁老人照顧智障或癱瘓的另一半（或孩子）、或是哥哥照顧癱瘓弟弟的案例，在其中一人接近人生盡頭之際，只好一起燒炭自殺或飲藥自盡，因爲金錢已然用盡，無力再面對年老一無所有的自己。

久病床前無孝子，父母通常願意無條件照顧小孩，這是天性，但小孩願意無條件照顧父母則得看教育和福報。發生車禍後，我比較有把握的是，爸媽一定會細心照顧我、不放棄我，但我完全沒把握哥哥與妹妹會不會嫌棄一個毀了他們幸福的手足。因此身體復原之後，我就積極地向保險公司申請保險，卻沒有一家願意賣保險給我，直到復原後第七年，才終於有一家保險公司，看了我七年的追蹤病歷後同意承保。於是，我能買多少是多少。我就目前的看護安養費用水準，加計通貨膨脹，扣除自己的資產，算出我應該準備多少錢做風險控管，以免除自己對未來的憂慮，然後逐步運用美國國際保單中的「萬能壽險」與「儲蓄壽險」計畫做好安排。我常跟哥哥開玩笑，如果我走了之後會留下五百萬（台幣）給他，他是否能比較心甘情願地照顧我這個癱瘓的妹妹？他拒絕了，原因是五百萬太少了（哎呀，他不知道台灣的保費很貴，要擁有這個金額的保障，壽險負擔很大），無法買回他耗費在我身上的青春歲月。其實，我只要問自己相同的問題，就會有答案。

② 已婚育兒人士的保險規畫

至於有家庭責任的人，「壽險保額」的規畫可先等同於應支付的「家庭責任額」，之後每年再依家庭成員的增減、工作收入的增減等狀況進行調整。幾年後，若手上的資金變得較寬鬆，可分配在「儲蓄與投資」部位的比例越來越高，就可以跟單身、或已婚無子女人士一樣，以十年的生活總支出預算（含父母孝養金），規畫壽險保額。漸漸地，當你逐步累積到「資產變現之後＝壽險需求金額」，代表你已經有能力自己拿錢出來，解決風險帶來的財務損失，那麼就可以進一步跟有錢人一樣思考，逐步進行讓「壽險保額＝財產總額」的規畫，爲日後的財產保全與轉移做計畫。

猶太人有一套可讓世代傳承與延伸財富的家族財產管理法，那就是，每位成員成年之後，家族會分年贈與資產到這位成員的名下，當他的資產已達到申請高額保險計畫的門檻，家族的信託財產就會出資，幫這位成員購買一百萬（美元）的人壽保險，意即這位成員去世後，就會有一百萬的資產進到家族的信託財產裡。這項作法，不僅在於運用人壽保險的槓桿效果創造資產，同時也是保全家族資產、與轉移資產達到「富過三代」的三贏策略，規畫方向完全符合〈謀攻篇〉的全勝原則——「知可以戰與不可以戰者勝，……故曰：知彼知己者，百戰不殆；不知彼而知己，一勝一負；不知彼，不知己，每戰必殆。」盡可能了解生活中各類型財務困境背後的原因，越深入了解所有可能風險，財務規畫就會越完整。意外往往無法預知，但這就是人生的一部分，每個人不管願不願意都得接受，然而因意外產生的財務風險，卻是可預見、可做好規畫的。好的規畫，能讓損失降到最低，甚至降到零，這便是「知己

理財小典

如何計算壽險保障需求？

1.根據雙十定律

以年收入的1／10，購買年收入10倍的壽險，做為保障需求額度，這是一般人規畫壽險保額的簡易算法。意即，若年收入為NTD100萬，那麼就以合理的年保費NTD10萬，買足NTD1,000萬的壽險保額。

2.依照家庭責任額（此為財務規畫正統作法）

◎單身、或已婚無子女人士＝（每年生活總支出×10年）＋【年父母孝養金×（80－較年輕的父或母年齡）】

◎已婚有子女者＝每年生活總支出（含父母孝養金）×（22－么兒的年齡）。

「知可以戰與不可以戰者勝，……故曰：
知彼知己者，百戰不殆；不知彼而知己，一勝一負；
不知彼，不知己，每戰必殆。」〈謀攻篇〉

＝

知道情勢有利攻打或不利攻打，就能勝利，……所以說：了解敵人，
也了解自己，百戰都不會有危險；雖不了解敵人，但了解自己，
那麼有時能勝利，有時會失敗；既不了解敵人，
也不了解自己，那麼每次用兵都會有危險。

知彼，百戰不殆」。

4種常見的財務安全網「人為風險」

① 認清，什麼是眞正的長期飯票

小時候常聽長輩說，女孩子將來只要找個經濟條件好的對象結婚，就一輩子吃穿無憂了。我媽媽眞的很幸運，遇到一個非常顧家且負責任的老公，這輩子雖非榮華富貴，但也不愁吃穿，退休時還順利擁有一筆爸爸爲她準備的退休金。也許是時代變了，我爸媽從未灌輸我們「男主外女主內」「男尊女卑」「女子無才便是德」這些傳統觀念，反而要求每個孩子都要學習經濟獨立。

現在的經濟環境對上班族而言，必得夫妻共同分擔家庭經濟責任，才可能有養得起的未來。即便另一半的年收入很高，多數人仍選擇到職場

上發揮，而不滿足於當個家庭主婦／主夫（除非這是個人志向）。原因有幾個，一是現代女性所受的教育與男性相同，女性也想發展或實現個人志趣、人生目標；二是這個世界的聲色犬馬誘惑實在太多，再加上個人自我意識日益高漲，而使離婚率居高不下，每個人都要保有職場競爭力，可說是相對重要。因此，婚姻對男性而言不再是絕對的經濟責任，對女性而言也不再是一張長期飯票，而是雙方都要共同付出、互相扶持、長期經營的一個承諾。

當然，如果另一半是高資產族群，那麼自己可選擇的空間就更大了，工作與否並不重要，但一定要持續學習，不忘每日關心全球產經，了解社會

理財小典

如何運用槓桿效果創造資產？

一般人買保險是運用槓桿效果找現金，如果你沒有五百萬，但計算後需要五百萬的壽險，那麼你可以買保險，每年繳五萬，在「萬一」的情況下，讓保險公司支付五百萬的理賠金；如果第一年就要理賠，用第一年繳的五萬換五百萬，創造出一百倍的資金，這就是槓桿。不過，有錢人買保險則純粹是為了理財與投資，這種確定會拿到的錢，加上槓桿效果，對家族的財產而言，絕對是一種永續壯大的投資好工具，美國的洛克菲勒家族、甘迺迪家族，就是這麼規畫財產，才得以富過三代。

動態，更要了解另一半的事業發展狀況、財務運作模式，最好的作法是，協助或參與另一半的公司進行財務規畫，或至少要在自己的財務結構中架設安全網。夫妻同步成長是很重要的，如果彼此之間的分享與交流能讓對方有所感動與學習，就會更珍惜互動的所有時光。千萬別以爲賺錢是另一半的事，自己毋須關心，每天只過著血拚、喝下午茶、做SPA等悠閒生活，一旦生活出現莫大變數，可是會措手不及的。

那麼長期飯票究竟在哪裡？就在你自己手裡。聰明人，一定懂得創造自己的價值，培養獨立的人格特質，賺錢與投資理財的功夫兼備，用與不用則是自己的選擇。不需要動手時，要能看（弄）得懂；需要動手時，要能馬上上手。

② 必存，夫妻各自要有私房錢

不管你是哪個世代的人，都應該要有一個認知——這世界上沒有另一個人的用錢哲學，會與你百分百相同。單身時，個人的財務考量以自己爲出發點即可，結婚後，財務規畫的複雜程度會隨小孩出生、父母逐漸年老而大幅增加。夫妻在生活上要取得共識的事眞是不勝枚舉，像是要不要買房子？要不要換車子？要不要換家電、家具？要不要出國度假？這些要不要……都會讓雙方腦中閃過「是否要有私房錢」的念頭。

射手座的我，從小對任何新鮮事都感到很好奇，都想學習、了解，而且想做就做。不花錢的事還好，碰到要繳錢的，我爸媽的意見就會不同。原因是爸爸是個很理性的人，他認爲花錢去學任何東西就像投資一樣，要看到「實際」成果，而媽媽就只是很單純地疼小孩，只要是學習性質的，什麼都可以去學，所以媽媽總是想辦法說服爸爸付錢讓我去學，當然，她唯一的方法就是告訴爸爸：「這一次，女兒是很認眞地想學。」問題是，我經常學了，知道一個大概後，就又碰到新鮮事，想轉移學習方向。半途而廢了幾次，自然無法再取信於爸爸，媽媽就只好動用私房錢來滿足女兒的需求。直到今天，我內心仍一直非常感謝爸爸在財務上帶給這個家安定的力量，也非常感謝媽媽對我的包容，她的愛給了我很大的空間去摸索自己；當然，也更感謝媽媽有私房錢，讓她得以擁有自主權。

小時候，我廣泛參與了很多課外學習如書法、畫畫、鋼琴、捏麵人等，雖然沒依爸爸的期望成爲一名書法家、畫家、音樂家……，但爸爸口中這些所謂「半桶水」的才藝，卻在我的人生中展現了無形成果，成爲很棒的內在轉化工具。每當我遇到挫折，心情紊亂時，便藉著做這些事抽離困境，在過程中安定下來後，找到新的靈感來源，便知道該如何跨越困境，並相信自己。我相信，很多夫妻會因財務上的考量，而對小孩的教育支出持不同看法，雖然取得共識永遠是第一優先選擇，但私房錢卻能爲自己留下後路。

到底該不該有私房錢？基本上答案是肯定的，現代男女對生活的自主權較高，如果各自財務獨立，確實可減少因金錢價值觀落差，可能產生的爭執問題。現在大多數人結婚後，都會選擇各管各的財務，並設立一個共同擁有的帳戶，將每月約定要提撥的金額存進帳戶，做爲家庭生活支出。而且，若是另一半的財務觀念較薄弱，當個月光族存不了錢便罷，萬一還透支財務成爲卡債一族那就慘了，所以高明地擁有私房錢，會爲你自己帶來財務上的安全感。

③ 避免，借錢給親朋好友

如果有一天，你接到遠在國外的好朋友來電求救，希望你能借他五百萬（台幣）周轉，而他跟你的交情情同手足，多年來信用狀況很好，事業經營順利且富有，只是因爲一個意外事件，公司需要一筆短期的周轉金，他說一週後就能歸還，你借是不借？相信，至少有九成以上的人會借，只是借多借少的問題。

我們家有很多家訓，其中之一就是「不要跟任何人有資金往來」。爸爸常說，君子之交比較長遠，這樣的體會來自他在財務上受到的兩次大傷害。第一次，爸爸借了一筆很大的款項給好朋友周轉，好朋友後來賴帳，更氣人的是這位好朋友後來住了豪華別墅、開名車，就是不肯還錢；第二次，爸爸的同事哭著下跪求他幫忙，他不忍拒絕，但同事拿到錢之後，就轉換另一副冷漠的態度回應還款約定。爸爸常說，能從你口袋拿得了錢的只有至親好友，錢財損失了固然傷心，破壞情誼更是難以承受的痛。

當年重回職場、開始累積存款後，我確實也遇過好幾次朋友要借錢周轉的情況，爲了不要失去朋友，也不想爲難自己，我選擇讓自己的資金充分投入財務計畫，僅留三個月的生活緊急預備金在銀行存款；好處是，若想贖回財務計畫中的金融商品，會有時間差、價格差、匯差、違約金，不僅緩不濟急，且可能虧損報酬率，這讓我得以理直氣壯地拒絕。

我有個同學從踏入社會後，就一直有財務問題，她跟每個曾經借錢給她的同學都沒聯絡了，只維持跟我聯繫，同學之間討論後得到一個結論：「因爲我還沒借她錢，所以關係還在。」這眞是一個令人難過的答案，卻也是不爭的事實。所以，除了一時的救急，我主張，盡可能不要跟個人有資金往來，如果你眞的決定借了，就要抱著豁達的態度看待，錢還了是賺到的，錢沒還是預期的心理準備，如此一來，錢即使要不回來，情緒也不致太受影響。不過，建議要學會跟銀行有資金往來，要擁有銀行的信用額度，但可別輕易擴張自己的信用。

④ 經營，與銀行往來的好信用

二〇〇五年，我出版第一本著作《月光族的一百萬》時，正值台灣卡債風波最嚴重的時期，那時經常受邀到各大媒體談卡債問題與解決方案。我特別花時間了解一下卡債的嚴重程度，發現很多年輕人之所以不懂珍惜「信用」，主要原因在於他們不了解「信用」會對人生產生什麼影響，看來在我們的基礎教育裡，重塑這項價值觀絕對是刻不容緩的事。

與銀行往來，每個人除了擁有有形的銀行存款簿，還有一本無形的存款簿，那就是個人信用，信用存款簿與金錢存款簿，同樣都得以時間與用心經營加以累積。兩者最大差異是，金錢存款簿累積的速度較快，錢用完了，再重新儲蓄就好，是你可以自己掌握的；而信用存款簿累積的速度較慢，變成「零」的時候，卻很難再重來，因爲信用的額度（信譽的價值）建立與累積，是來自別人的評估。維護良好的信用與聲譽，可能得花上一輩子時間，摧毀它卻僅在一瞬間。

財務上信用破產，無法跟銀行正常往來，會讓人在生活許多面向寸步難行。例如，小小的不便是無法辦理信用卡、無法在銀行有多餘存款、買房子無法貸款；最大的影響是送上自己的職業生命，並在生活中失去家人與朋友，畢竟多數人對財務不健康的人總是避而遠之。

爲什麼要擁有良好的信用?良好的信用對我們一生會產生什麼樣的影響?簡單地說,好的信用與聲譽會爲自己的人生帶來很多正面價值。無形的價值是「影響力」,你的思考、言語、行動會對別人產生影響,而人終其一生值得追求的,便是使自己的影響範圍擴大,大於個人所關心的範圍。有形的價值是「機會」,你會比別人更容易取得工作機會、合作機會、賺錢機會、資金周轉機會、低成本借貸機會,甚至是東山再起的機會。

爲了避免大家因用錢不當而毀了信用,背負信用卡債務,陷入財務困難的泥沼,導致人生付出很大的代價。這裡囉唆地提醒大家四件事:

(1)只買自己負擔得起的東西,別使用分期付款。
(2)記得依照財務合理分配原則「3:3:3:1」,計算出每月、或每日可花用的錢。
(3)每個月要全額繳清信用卡帳單。
(4)遠離會讓你變窮的「習慣」與「朋友」。

財務安全網「投資風險」：一定要評估

每個人都想靠投資賺錢，卻不想爲投資付出代價，問題是，如果不想花時間學習，那就要有天生過人的判斷力，否則很可能得花錢體驗殘酷的失利現實。我一直都相信天底下沒有白吃的午餐——「Easy money, Easy go!」。在財務上想投機、一步登天的人，通常會在關鍵性的一刻摔得鼻青臉腫。

然而投資雖有風險，但完全不投資，只把錢放銀行定存的人，將面臨更大的風險。我同意，低風險的保本保値工具不可少，畢竟沒有人能預測自己退休那一天的經濟環境是一片榮景或蕭條？保本保値工具，能確保你的投資在實現獲利之前，讓你有足夠的錢可因應生活需求，不會因爲需要錢，而被迫在不恰當時機賣出投資標的。

既然投資是一定要的，投資前，要先了解自己可運用的資金有多少？可投資的期間有多長？先根據這兩項條件來篩選商品（每一種商品都會設定投資門檻），再來評估投資風險，建立好的投資組合以分散風險，如此一來就能掌控風險，提高獲利的可能性。

① 不可不知四種投資風險

(1)標的物風險：金融商品類別雖不多，商品項目卻很繁雜，常令人眼花撩亂。

你可從代銷機構或商品說明書上，看看投資風險屬性是否符合自己的資產配置需求，每一種風險屬性不同的投資商品，都會有約略的獲利估值，「高風險高報酬」「低風險低報酬」是爲合理的想法。清楚自己的獲利目標，才不至於抱持不當期望，像是存定存、買保險，以及參與評等較高的債券基金，卻希望有10％以上的年獲利。其實，低風險的工具若能達到3％以上的年報酬，操作團隊就已經達成一項完美任務，做到「低風險高報酬」了。

(2)匯率風險：商品所投資的市場、計價幣別，與你的資金幣別是有相關性的。

建議你，用美元去購買美元計價的商品，用歐元購買歐元計價的商品（外幣持有，請利用較好時點

理財小典

債券基金的合理年報酬率

被評鑑為AA級以上的優質公司債（低風險商品），合理的年報酬率是3.75％～4.5％左右。債券，其實是發行單位向法人機構或社會大眾借錢的方式之一。像是美國政府發行的公債，公認很安全不會倒，市場上於是有很多人願意購買美國政府公債，借錢給美國政府，投資人拿到的利息雖不太多，卻比銀行存款利率高一點，很多人可是樂意為之。報酬率則要看長短期債券而定，但往往不會太高。

進行配置）。近幾年，台灣推出台幣計價的海外基金，感覺上沒有匯率損失，其實不然，因爲對商品發行機構而言，一樣是拿台幣換算成海外當地貨幣，然後投資該市場，若有匯率變化，同樣會有匯率損失，只是商品發行機構會從你的基金淨值計算中，扣除匯損。

(3)時間風險：你可以進行投資的時間（期間）有多長？時間，是你選擇商品的因素之一。基本上，很快就會產生資金需求、像是一年內就會用到的錢，都不適合做任何投資。投資要抱持一個態度，要贏之前先做輸的準備。如果資金並不屬於可投資的部位，也就是一般所謂的閒錢（位在低風險部位，進行定存），自然會受市場的波動風險

表1 買海外基金，你用什麼幣別買？

2009年6月8日，小白以50萬台幣買A基金			
A基金	淨值	當日匯率	購得單位數
計價方式：美元	USD50	USD1＝NTD33.05	302.57 【NTD50萬÷匯率33.05÷淨值USD50】

2010年4月9日，小白獲利了結贖回A基金			
A基金	淨值	當日匯率	投資報酬率
計價方式：美元	USD55 ※漲幅10%※ 【USD（55−50）÷50】	USD1＝NTD31.77	5.7% 【（淨值USD55×單位數302.57×匯率31.77）÷NTD50萬】

分析：

以美金計價的A基金，漲幅原為10%（這也是原本預期的獲利目標），但贖回基金的投資報酬率卻僅為5.7%，這是因幣別計價的匯率換算關係，導致4.30%的匯率損失。

影響，沒有人可保證，市場走勢能完全照著自己樂觀的看法去變化。

(4)稅務風險：投資每一種類別的商品，或在不同的國家做投資，都要了解當地稅務規定與商品類別是否具備稅務優惠條件，評估過後再進行，避免被投資所得的稅負規定，稀釋了報酬率。

② 降低投資風險六撇步

(1)市場多元化：不同的市場會有不同的風險，商品投資在各市場的風險高低簡單比較如下：特定產業（風險最高）「大於」單一國家「大於」區域市場「大於」全球市場（風險最低）。記得，要依照「無風險理財方程式」的配置，分別套用在你資產配置裡的低／中／高風險部位。

(2)商品多元化：不同風險屬性的商品，不應放在一起比較績效。但如果是同一種風險屬性的商品，建議要選不同的市場、不同產業。我曾看過一些人的投資組合，他們分散風險的方式很有意思，例如：每個月拿出一萬兩千元（台幣）做投資，投資組合是——富達拉丁美洲、富蘭克林拉丁美洲、施羅德拉丁美洲、貝萊德拉丁美洲基金各三千元，這麼做固然分散在不同的基金公司，卻投資於同一個市場。同一個市場的漲跌是一致的，雖然不同基金公司的操作績效會有不同，但在強烈競爭下落差不致太大，一來這樣的資金分配規畫並不符合分散風險原則，二來同樣是投資拉丁美洲市場，很容易透過公開資訊查詢哪一家基金公司操作績效最佳；若你投資的金額夠大，不妨集中在同一家，手續費還可較低。

(3)持有多國貨幣：台幣是地方貨幣，離開台灣地區就不能使用，將資產分散在不同的貨幣，是現代人必要的財務規畫之一。建議選擇較穩健的國際貨幣持有長期資產，當做是核心資產，同時組合一些其他國際貨幣做爲衛星資產。

(4)資產國際化：建立海外資產，做爲投資組合的一部分，這是必要的考量。

(5)選擇自己熟悉的投資工具：或是尋求專業顧問協助如保險顧問、投資顧問、財務顧問，至於如何判別好的專業顧問，可藉著談話了解他的財務是否健康，也可觀察對方的思路，是否如〈地形篇〉所指

「故進不求名，退不避罪，唯人是保，
而利合於主，國之寶也。」〈地形篇〉

＝

進不謀求戰勝的名聲，退不迴避違命的罪責，
只求保全百姓，符合國君利益，這樣的將帥，
正是國家的珍寶。

「故進不求名，退不避罪，唯人是保，而利合於主，國之寶也。」意即具備賢能將領的特質，思考財務規畫時，能否以顧全客戶的權益爲核心價值，能否在發現自己的疏失時，具備面對錯誤的勇氣，立刻告知客戶，並做緊急處理措施，提供解決方案。一名稱職出色的財務顧問，一定可以解決你的問題，並讓你清楚明白，他爲什麼要這麼做或那樣做。

(6)記住：看起來完全沒有缺點的商品，就是最大的風險。

財務安全網「稅務風險」：不可不懂

身在台灣，一定要了解的是所得稅（工作所得與投資所得）、贈與稅、遺產稅。對於課稅項目與基礎多一分了解，就能爲投資理財加分許多。

① 工作所得（**毫無節稅空間**）。

② **投資所得**

每種投資的稅務規定不同，國內證券交易所得免納所得稅；海外投資所得若統計全戶整年未達一百萬（台幣），不計入基本所得額；全戶整年收入未超過六百萬（台幣），不符合最低稅負制規定，也就沒有海外所得課稅的問題。投資型保單投資帳戶運用所產生的收益，均應依所得類別，計入要保人綜合所得總額、或基本所得額相關法令規定課稅。

建議，年輕開始累積財富時就要具備這方面的知識，並注意政府修改稅制的資訊，善用免稅的工具做投資，就可避免讓每年所得不斷增加，免得踏入最低稅賦制規定的課稅門檻。

③贈與稅與遺產稅

相關規定可上國稅局網站查詢，至於如何規畫得視不同個案進行討論，因爲這兩項稅務規畫，完全得針對個人對財產安排的想法而擬定。

理財QA

Q 什麼是投資型保險？

A 荷蘭是最早發行投資型保險的國家，美國是一九七六年開始發行，險種包含萬能壽險（Universal Life）、變額壽險（Variable Life）、變額萬能壽險（Variable Universal Life）。現階段，在先進國家，「萬能壽險」的市占率高於變額壽險與變額萬能壽險，主因是投資市場的變化速度快，變額壽險與變額萬能保險的投資帳戶虧損時，會影響到保單的存續。台灣則較晚引進，二〇〇一年底才開始陸續上市，基本商品結構相同，只是不同國家發行的商品，針對國際人士購買的保險費率計算基礎不同、保險公司提供的投資組合不同、保險公司營運的成本結構不同，多少會產生差異。

這三種商品本身沒有好壞之分，只要符合個人需求，能達到財務規畫目標，就是對的選擇。險種說明如下——

① **萬能壽險：**保險＋儲蓄（有最低保證利率）的雙效合一產品，保費較低，在相同預算下可買到較高保障，較容易滿足保障需求計畫。同時，儲蓄帳戶裡的理財金，可享有比銀行更高的存款利息。利息來源約分爲兩種，一種主要是投資債券組合，另一種是連結指數。繳費年限、金額、保險保額，可完全依照個人需求量身訂作與調整。

② **變額壽險：**保險＋基金（可自行從這一檔保險商品連結的基金籃子裡，挑選自己想要的投資組合），但繳費年限、金額、保險保額，是固定、不可變更的。

③ **變額萬能壽險：**保險＋基金（可自行從這一檔保險商品連結的基金籃子裡，

挑選自己想要的投資組合），但繳費年限、金額、保險保額，可完全依照個人需求量身訂作與調整。

AQ 如何選擇保險商品？

可就壽險、醫療險、長期看護險這三種商品來看，若是剛踏入社會、收入還不多的人，建議可分階段規畫購買，優先順序是壽險→醫療險→長期看護險。

①**壽險：**若以國內商品做選擇，建議選擇連結基金的投資型保單。優點是，比較可能依照「雙十定律」建議，買到足額保障；缺點是，基金的投資報酬率是變動的，當投資帳戶損失時，會發生無法支付保險費與保單成本的狀況，所以最好採「月繳」，且商品本身以美元計價。

若以全球商品做選擇，建議以年繳美國國際保單中的「萬能壽險」做規畫。優點是，保費低，可縮短繳費年期，買到足額保障，同時還保證年利率最低3%、最高無上限，完全符合低風險保本保值的需求，既能滿足保障需求，也滿足部分退休金需求；缺點是，只能年繳，對於剛踏入社會的年輕人而言，負擔較大。

②**醫療險：**建議主要選擇由國內保險公司發行的住院醫療日額、手術醫療、實

支實付意外傷害醫療，與癌症險爲主即可。

③ **長期看護險：**建議單純以進入長期看護的日額給付金額做主要考量，最好是美元計價。不需要考慮是否連結壽險或領回，羊毛出在羊身上，多出來的功能是用錢換來的，你怎麼算都比不過保險公司的精算師。

第③講

我要變有錢五部曲

你不需要訂定一個多麼遠大的目標，
財務目標就是你的生活目標加上所需的金錢數字，
條件是必須可衡量、很具體、有時間性、可達成，
然後再加上可能產生的風險金錢數字，
做好風險管理，確保自己立於不敗之地。

第3講　我要變有錢五部曲

【孫子兵法．軍形篇】

孫子曰：昔之善戰者，先為不可勝，以待敵之可勝。不可勝在己，可勝在敵。故善戰者，能為不可勝，不能使敵之可勝。故曰：勝可知而不可為。

不可勝者，守也；可勝者，攻也。守則不足，攻則有余。善守者，藏於九地之下；善攻者，動於九天之上。故能自保而全勝也。

見勝不過眾人之所知，非善之善者也；戰勝而天下曰善，非善之善者也。故舉秋毫不為多力，見日月不為明目，聞雷霆不為聰耳。古之所謂善戰者，勝于易勝者也。故善戰者之勝也，無智名，無勇功。故其戰勝不忒。不忒者，其所措必勝，勝已敗者也。故善戰者，立於不敗之地，而不失敵之敗也。是故勝兵先勝而後求戰，敗兵先戰而後求勝。善用兵者，修道而保法，故能為勝敗之政。

兵法：一曰度，二曰量，三曰數，四曰稱，五曰勝。地生度，度生量，量生數，數生稱，稱生勝。故勝兵若以鎰稱銖，敗兵若以銖稱鎰。勝者之戰民也，若決積水于千仞之溪者，形也。

【孫子兵法．兵勢篇】

孫子曰：**凡治眾如治寡，分數是也；鬥眾如鬥寡，形名是也；**三軍之眾，可使必受敵而無敗者，奇正是也；兵之所加，如以碫投卵者，虛實是也。

凡戰者，以正合，以奇勝。故善出奇者，無窮如天地，不竭如江河。終而復始，日月是也；死而復生，四時是也。聲不過五，五聲之變，不可勝聽也。色不過五，五色之變，不可勝觀也。味不過五，五味之變，不可勝嘗也。戰勢不過奇正，奇正之變，不可勝窮也。奇正相生，如循環之無端，孰能窮之？

激水之疾，至於漂石者，勢也；鷙鳥之疾，至於毀折者，節也。是故善戰者，其勢險，其節短。勢如彍弩，節如發機。

紛紛紜紜，鬥亂而不可亂也；渾渾沌沌，形圓而不可敗也。亂生於治，怯生於勇，弱生於強。治亂，數也；勇怯，勢也；強弱，形也。故善動敵者，形之，敵必從之；予之，敵必取之。以利動之，以卒待之。

故善戰者，求之於勢，不責於人，故能擇人而任勢。任勢者，其戰人也，如轉木石。木石之性，安則靜，危則動，方則止，圓則行。故善戰人之勢，如轉圓石於千仞之山者，勢也。

【理財兵法】

一個財務健康、且財富持續穩定增長的人，在心態上必定有這樣的認知——「理財」是財務健康的基礎，在整體財務狀況中，理財所扮演的角色是「防守」，要想成功，主控權完全掌握在自己手中；「投資」則是財富增長的唯一方法，投資所扮演的角色是「進攻」，要想成功取決於很多複雜因素，像是政治、經濟、人為因素所導致的投資風險，這是投資人完全無法掌控的。

這告訴我們，要想「理財」與「投資」成功，在於防守嚴密（理財）與進攻得當（投資），這個觀念完全與**〈軍形篇〉一開始的論點相通：「昔之善戰者，先為不可勝，以待敵之可勝。不可勝在己，可勝在敵。」**打仗的基礎是要

「昔之善戰者，先為不可勝，以待敵之可勝。
不可勝在己，可勝在敵。」〈軍形篇〉

＝

從前善於用兵打仗的人，先要做到不被敵方戰勝，然後捕捉時機戰勝敵人。不被敵方戰勝的主動權操之在己，能否戰勝敵人則取決於是否有隙可乘。

「勝兵先勝而後求戰，
敗兵先戰而後求勝。」〈軍形篇〉

＝

勝利的軍隊總是先創造獲勝的條件，
而後才尋求與敵決戰；失敗的軍隊，卻總是先
與敵人交戰，而後企求僥倖取勝。

先做到不被敵方戰勝，然後捕捉時機戰勝敵人，在追求財富增長時，更是需要先做到時時理財，準備好足夠的銀彈，靜待好的投資機會到來。〈軍形篇〉與〈兵勢篇〉都強調，要了解自己與敵方，創造對自己有利的條件，策略用對了，勝算就大。財務規畫也一樣，是依照每個人的實際狀況來規畫，量身訂作，為自己所用，一份好的計畫、對的原則，配上絕佳的執行力，想不成功都難。

而在理財與投資心態方面的迷思，**〈軍形篇〉的「勝兵先勝而後求戰，敗兵先戰而後求勝。」**則提出了一針見血的見解。猶記千禧年那一波網路科技泡沫，導致很多人在投資上嚴重虧損，於是抱怨媒體、銀行理專、財務顧問總是這

麼說：「人不理財、財不理你。」沒想到，積極理財的結果是不如不理，還不如把錢擺在定存。等到二〇〇三年中期ＳＡＲＳ疫情高峰過後，除了台灣之外，全球股市皆大幅成長，那些抱著定存的人，眼看身邊很多朋友藉著投資股票與海外共同基金，賺了很多錢，再也忍不住了，終於決定在二〇〇七年下半年取出定存，投資海外基金，沒想到存款在二〇〇八年再次被全球金融大海嘯吞噬，自此對理財與投資感到怯步……。

實際上，這種想法與作法完全曲解了理財的意義與功能，誤以為「儲蓄」是指把錢放在銀行存款，而投資股市、基金、及任何金融商品就是「理財」！足見很多人都是先和敵人交戰了再說，然後企求僥倖取勝。我常想，抱著這種心態看待理財與投資的人，如果成功了還真是沒天理，如果有天理可言，也許只能歸因於曾累積了不少福報吧。

另一個常見的迷思是：「需準備多少錢才能理財？」所有的理財原則，也適用於薪水很少的人嗎？答案是肯定的，我就是從月薪兩萬五千元（台幣）、銀行零存款的月光族身分開始理財的。透過理財，我存下了錢，學習如何正確投資，讓錢生錢進而累積了財富，並且直到今天財富仍持續增長。我使用的並不是什麼日新月異的理財新撇步，而是一成不變的簡單財務原則，只不過套用在原則裡的錢，一直放大而已。

所以〈兵勢篇〉一開始孫子就說：**「凡治眾如治寡，分數是也；鬥眾如鬥寡，形名是也。」**管理大錢與小錢的基本原則是一樣的，拿出很多錢與少少的錢去做投資，配置原則也是一樣的。目標是希望讓錢生錢，不希望錢變少、或錢變小（追不上物價上漲幅度），而是實實在在地增加財富，希望自己每年的所得，除了來自工作收入（沒薪水就沒錢用），漸漸能有部分所得來自於「儲蓄」（配息收入）與「投資」（投資獲利），帶領自己通往財務自由的目標。

該怎麼做，才能讓投資大獲利，財富大增

「凡治眾如治寡，分數是也；鬥眾如鬥寡，
形名是也。」〈兵勢篇〉

||

管理大部隊如同管理小部隊一樣，這屬於軍隊的組織編制問題；指揮大部隊作戰如同指揮小部隊作戰一樣，
這屬於指揮號令的問題。

長呢？**〈兵勢篇〉也提到了：「凡戰者，以正合，以奇勝。」**平時嚴格執行本書所談的財務合理分類原則「3:3:3:1」（針對每月收入）與「無風險理財方程式」（針對已累積資產進行投資分配），如果遇到類似二〇〇八年的熊市，全球經濟重創，股市大跌時，即可挪出「低風險部位」中的流動性資金（如銀行存款）、或辦理銀行理財額度（如理財型房貸透支額度），大膽買進績優企業股票，待市場回復信心（從聽到害怕投資的聲音，以至出門到處都可聽到談論投資的聲音）之後便獲利了結，再把原本挪用的資金歸回低風險部位，將賺到的錢放入中／高風險部位加以投資配置，這便是善用孫子教我們的「奇正」戰術。

「凡戰者，以正合，以奇勝。」〈兵勢篇〉

＝

一般的作戰，總是以「正兵」合戰，
以「奇兵」取勝。

既然人人都需要理財，到底什麼是理財？讓我們重新再定義一次：「理財的目的，是爲了降低人生不同階段的風險，讓錢在一個合乎自己生活目標的前提下，有效累積，並如期享受其成果。」爲何會有人說，「財」越理越少？經過了解，我發現這種情況來自個人對理財的認知有誤，誤以爲拿一筆錢去投資就是理財，投資賠了錢，便怪罪於不應積極理財。其實，「投資」僅是理財工程的積極面，期望分配某些投資部位的資金，讓財富達到較大的增長，縮短理財的時間。

爲什麼這個世界在金錢上的分配是90／10？因爲，只有10％的人口會先想好自己想過什麼樣的生活（life style），才決定自己該做些什麼事來達成。而高達90％的人口都是順著自己的環境與際遇，衡量自己口袋有多少錢，才來決定怎麼過生活。你可以不必是全世界那10％金錢人口中的一份子，那些畢竟是具備特殊格局與條件的人，但你絕對應該努力學習那10％有錢人的金錢思維與理財習慣，讓自己成爲分布在90％金錢人口裡的前20％，確保自己能滿足人生不同階段的財務需求，並且在退休之後能維持經濟獨立。

愛惜金錢的人才會有錢。我因爲工作的關係，結識了非常多高資產族群，我的觀察是他們都有共通特質——非常熱愛賺錢，並且尊重與善待自己的財富，該花的很大方，不該花的連一毛都不花。他們評估消費的態度，與一般中產階級最大的差異在於「消費取向」。一般中產階級消費時考慮的多半是價格，高資產族群消費時考慮的是價值，他們心裡似乎都有一把明確的尺，衡量今天支付的這筆錢與所換取的收穫，兩者之間的輕重；當「所得」大於「所付」，就是有價值的消費。同時，他們向來也對累積財富的知識抱持非常開放的態度——積極理財，審愼投資，有紀律地執行財務計畫。

用一個例子輔助說明。很多企業家在達到年度財富增長目標時，會宴請他們的會計師、財務顧問、投資顧問，感謝這些專業人士一整年爲他們節稅、理財、投資所付出的辛勞。而一般中產階級在投資獲利時，則經常得意忘形，像是買東西犒賞自己，或花錢請客、與同事朋友一起慶祝，輕忽了這種非勞力賺取的金錢是「Easy money, Easy go!」表面上看來，兩個族群的作法沒什麼不同，實質內涵卻有很大的落差。

高資產族群會善待每一位「對增長他們財富有貢獻」的專業人士，宴客這項消費支出，未來將能再度換取正向的現金流量，進入他們的財富。他們在年終擺宴感謝，讓理財專業人士很有成就感，受到肯定的價值感也隨之提升，日後，這些專業人士也會更用心地看顧他們的財富。足見，高資產族群完全了解人性的社會需求，而爲表示感謝，宴請協助管理財富的相關專業人士，這思維完全符合〈用間篇〉所提的概念「成功出於眾者，先知也。先知者，不可取於鬼神，不可象於事，不可驗於度，必取於人，知敵之情者也。」

而中產階級投資賠錢時總是摸摸鼻子認了，投資賺錢時卻忍不住大聲張揚，花錢請客，他們把賺來的錢花掉，換取心中的一些快感，但現金流量卻是負向的。一個人在得意忘形時，最容易被眾人拱出來請客，最後花費的錢往往超過自己投資賺來的獲利。常有這樣的情況——這次投資賺的，還不夠彌補之前賠的，結果仍額外花錢請客而不自知，陷入「投資一直很賺錢」的自我感覺良好迷思（可能是賠錢的經驗太痛苦，逃離痛苦最快的方法，就是忘了它），事實上對整體資金而言，仍是賠錢的，現金流出大於現金流入，怎

「成功出於眾者，先知也。先知者，
不可取於鬼神，不可象於事，不可驗於度，必取於人，
知敵之情者也。」〈用間篇〉

＝

功業超越普通人，在於能預先掌握敵情。想事先了解敵情，不可以求
神問鬼方式獲取，不可拿相似的事類比推測得出，不可以日
月星辰運行位置做驗證。一定要取之於人，
從那些熟悉敵情的人口中獲取。

可能累積財富？你準備好改掉這些讓自己變窮的習慣，好好愛錢了嗎？那就趕緊來看理財五部曲。

首部曲：清楚你的財務目標

一個人的財務不健康，主要因素往往是因爲沒有明確的財務目標。讀高中時，有個同學說過一句令人記憶深刻的話：「有錢的人不一定會幸福，但沒有錢的人是絕對不會幸福的。」追求幸福人生是每個人都想要的，但什麼樣的人生會讓人感到幸福，卻要經過歲月洗禮，才能眞正體會。

剛踏入社會時，追求物質生活的滿足，是每個年輕人內在最原始的理財動力來源，如果你正處於這樣的年紀，那就勇敢地去追尋，一個不想追求更好生活品質的人，是不會有賺錢動力的。但千萬記住，要用腦袋思考——要如何提升收入，然後透過理財與投資，執行一個完整的財務計畫，完成夢想。而不是一味地勇敢消費，人有兩隻腳，錢有四隻腳，賺的錢永遠追不上自己的消費，只會透支自己未來的人生。很妙的是，當你勇敢追求財富增長，無意中會發現自己竟有無限的潛能與想像力。學習理財與投資，除了能增進生活品質，你也等於同時創造了一個具成熟與獨立人格特質的自己，能力提升了，自然就有機會晉升到另一階段的成長。

請拿出紙筆，列出你想得到的大大小小夢想與家庭經濟責任，像是買一台公路自行車、一部賓士汽車、一棟有花園的房子、出國遊學一年、進修拿到企管碩士學位，或是準備結婚基金、子女教育基金、招待父母出國旅遊等等，然後搜尋相關資訊及價格，在每個標的旁寫下金額與預計花多少時間達成，也千萬別忘了退休金的規畫，你一定不想看到一個年老、又沒有足額存款的自己吧。

這不是寫作文，你不需要訂定一個多麼遠大的目標，你的財務目標，就是你的生活目標加上所需的金錢數字，條件是必須可衡量、很具體、有時間性、可達成，然後再加上可能產生的風險金錢數字，做好風險管理，確保自己立於

理財小典

他們都是財務專業人士

◎財務顧問：協助客戶設立明確的財務目標，將目標量化成在一定時間內要完成的金錢數字，並協助客戶找尋合適的投資工具，以期達到財務目標。

◎投資顧問：純粹協助客戶做投資，客戶的資金只要符合投資工具門檻就可以進行，不需要去管最終能不能完成客戶的財務目標（投資報酬率、實現獲利時間、風險管理等等）。

不敗之地，這也就是〈軍形篇〉所說的：「故善戰者，立於不敗之地。」完成目標設定之後，列出優先順序，就進入二部曲。

二部曲：改變消費習慣

這幾年，我從工作中面對了許多個案，得出一個很重要的心得——一個人有沒有錢，與他的收入多寡只有相對的關係，但與他用錢的觀念、方式，卻有絕對的關係。在金錢上捉襟見肘、入不敷出的人，首先要改造自己的金錢價值觀，觀念與想法改變了，自然可透過改變消費習慣，改善財務現況。

① 從記帳開始

將你每天的每一筆支出記錄下來，先了解自己的錢都用到哪裡去了，完整記錄一個月之後，再做消費分類，分門別類「食、衣、住、行、育、樂與保險費用」。

「故善戰者，立於不敗之地。」〈軍形篇〉

＝

善於打仗的人，總能確保自己立於不敗之地。

② 剔除不該花費的項目

列出年度必須支出的項目與金額，扣掉每月生活必要支出，挑出因爲「想要」而不是「需要」的消費支出。如果你有認定上的困難，請找一位財務健康的家人、朋友，或請財務顧問協助。其實，大多數人還是能從中找到一些錢做儲蓄。

③ 從小額儲蓄做起

建議初期以一個最保守的金額，做爲強迫儲蓄的開始，像是向銀行辦理自由定期存款、零存整付，或定期定額買海外基金，或是申購有閉鎖期的封閉型基金。先讓自己習慣這一小步，一段時間之後，產生了一點信心，就可以再邁出更大一步。慢慢改變原本「收入－支出＝『儲蓄』」的習慣，修正成「收入－『儲蓄』＝支出」的習慣，最好把生活預算中可支出的額度，以最小的消費單位「日」做規畫，這樣管理起金錢就會非常簡單，而且可省下持續記載支出流水帳的繁複工作。

千萬別以爲改變習慣是一件很容易的事，習慣是經年累月養成的，必然不是一朝一夕可改變。我記得自己下定決心不再當月光族時，信誓旦旦地跟媽媽說：「我每個月要開始儲蓄五千元，存摺印章都交給您，任何情況都不可以答應我把錢領出來消費。」但不到短短一個月，在我屢次用盡心思尋找合理藉口，想要提領錢的情況下，媽媽也對我妥協了，於是我們兩人的協議破功了。

這種情況使我感到很沮喪，因此找到一種聰明、且可執行的作法，是我那時最迫切的需要，誠如〈軍形篇〉所說：「善用兵者，修道而保法，故能為勝敗之政。」我眞的得從「內在的整頓」做起，若我一直不改變消費習慣，在每個月薪水入帳後都先扣除儲蓄金額，那我永遠也擠不出錢來理財與投資，只能一直以工作賺錢支付消費，財務自由，根本是一場不切實際的夢想。經尋訪身邊多位理財得宜的人士，我從中整理出適合自己的方法，以結果檢視有否需要修正的地方，多年來，逐漸演變出一套適合自己執行、而且有效的財務管理方法。

每個人的罩門不同，你絕對知道自己的弱點在哪裡，只是能否下定決心對付它。如果你認眞對自己喊話，就會找到最適合自己的方法，否則只會找各種藉口，讓自己不斷在原地打轉。人生是一連串的選擇，上帝既然給每個

「善用兵者，修道而保法，
故能為勝敗之政。」〈軍形篇〉

＝

善於指導戰爭的人，必會修明政治，確保法制，
從而掌握決定戰爭勝負的主控權。

「兵法：一曰度，二曰量，三曰數，
四曰稱，五曰勝。地生度，度生量，量生數，
數生稱，稱生勝。」〈軍形篇〉

＝

兵法的基本原則有五條：一是度，二是量，三是數，四是稱，五是勝。敵我地域的不同，就產生了雙方土地幅員不同的「度」；敵我「度」的不同，產生了物質資源豐瘠不同的「量」；敵我「量」的不同，產生了雙方兵力多寡不同的「數」；敵我「數」的不同，產生了軍事實力不同的「稱」；「稱」的不同，最終決定了戰爭將由何方取勝。

人自由意志打造自己的人生，自然也給你放縱自己的權利，你的選擇是什麼呢？是陷在財務困境裡、放棄力爭上游的機會，還是不斷自欺欺人，每天上演想掙脫卻無力掙脫困境的武裝劇？或者你願意像我一樣，全心全意相信自己一定可以擺脫月光族窘境，透過學習與行動，讓自己脫胎換骨，重新創造很不一樣的財務人生。

三部曲：選擇合適的金融工具

〈軍形篇〉提到：「兵法：一曰度，二曰量，三曰數，四曰稱，五曰勝。地生度，度生量，量生數，數生稱，稱生勝。」這讓我體認到，選擇合適的金融工具很重要，商品的持有時間、風險屬性、

報酬率多寡的可能性，是否符合自己的投資需求？是否能與自己的財務計畫配合，這些因素決定著最終能否如期完成財務目標。

金融商品依照風險屬性，約可區分爲低／中／高三級——

①**低風險商品**：定存、政府公債、國庫券、公司債（至少要被「標準普爾」評鑑爲BBB級以上）、有固定利率或保證利率的保險商品。前述每項商品的選擇標準，是實質年利率至少要3%（含）以上，以保本保值爲目的。而事實上，除了優質的公司債，任何被稱之爲低風險的商品，年利率都很難高於4.5%。

②**中風險商品**：定期定額參與的股票型基金、單筆參與的全球型基金。

③**高風險商品**：股票、單筆參與的積極型股票基金、外匯、期貨、選擇權，建議一般人還是以股票、或股票型基金爲主。

那麼該如何選擇合適的金融商品，用以完成不同階段的財務目標呢？

①**短期目標（五年以內）**

會分配在這裡的錢，除了用來繳保費的錢，其他基本上都是一年內要支付的錢，建議就放在銀行存款即可。〈第二講〉曾提到「財務安全網」的概念，這裡特別再提醒一下大家，「人身風險」是首要被點名照顧的一環，建議還沒買保險的人，或是剛踏入社會、收入還不太多的人，當務之急就是開始買保險，建議可分階段規畫，優先順序是：壽險→醫療險→長期看護險。

② 中期目標（五～十年）

分配在這個區塊的錢，是爲了滿足十年內的計畫，建議每個月從薪資分配金額比例（以財務合理分配原則「3:3:3:1」做分配），定期定額買基金，且需選擇「高風險的股票型基金」。針對已累積的資金，則以「無風險理財方程式」進行配置，可選擇績優股票、或單筆投入基金，視

理財小典

國際金融評鑑機構「標準普爾」（Standard & Poor's）

為降低投資國際金融商品的風險，我們可參考一些指標，了解金融商品發行公司的信用評等，以及商品本身的評比。信用評等，是針對受評企業及機構的「違約風險」所做的評估，評價重點在於風險，而非獲利。其中，「標準普爾」即國際知名的評鑑機構之一，它所認定的投資級列出如下，供作參考：

◎安全可投資級：BBB、A、AA、AAA

◎不穩定投資級：BB級以下

「故善戰者，求之於勢，不責於人，
故能擇人而任勢。」〈兵勢篇〉

＝

善於用兵打仗的人，總是努力創造有利的態勢，
而不對部屬求全責備，所以他能夠選擇人才
加以利用，並創造有利的態勢。

金額決定投資組合，最多不要超過五檔股票或基金，並需分布在五種不同的產業，才能達到分散投資的效果。

這幾年在市場上，我發現很多人並沒有額外的壽險需求，卻買了投資型保險，想用來投資基金。在此，並不建議以投資型保單（即保險連結基金的「變額萬能壽險」或「變額壽險」），規畫這個區塊的定期定額基金，因為分配在這個區塊的資金，追求的是財富增長，要集中火力百分百投入投資。既然不需要額外的壽險保障，就毋須另外負擔保險成本、以及讓保險公司收取合約最初幾年的前置費用（像是第一年所繳的錢，幾乎都用在管理費、手續費、營業成本、保險成本），尤其基金投資在財務規畫裡多半是用來投入中期計畫，五至十年的時間並不夠長，賺到的報酬率還不足以分擔前述的那些成本。

③ 長期目標（十～二十年）

可選擇商品風險低的萬能壽險、儲蓄保險、退休年金保險，重點是要確定給付，並以保本保值爲首要考量。

做好這部分的工作之後，你必須徵詢財務顧問的意見，也就是〈兵勢篇〉談到的「故善戰者，求之於勢，不責於人，故能擇人而任勢」觀念。很多人會認爲凡事都要靠自己，沒錯，所有事都是要靠自己，但卻不一定要花很長的時間訓練自己成爲全方位的專家，以獨力完成財務計畫裡的每個行動方案。要懂得運用別人的專業與時間，創造對自己最有利的態勢，以企業經營者的概念，把自己當作一家公司，財務計畫就是主要的營業項目，這些經過你挑選的專家就是你的團隊成員，彼此互相交流，學習、交換知識與經驗，可縮短人生中最容易被浪費、卻最寶貴的「時間」資產。

四部曲：2項財務原則，讓你理財與投資必勝

「理財與投資」要成功很簡單，你必須要求自己不斷重複兩個簡單、枯燥、乏味的財務原則。一輩子都要遵守一、兩個簡單原則是很具挑戰性的事，畢竟它完全違背

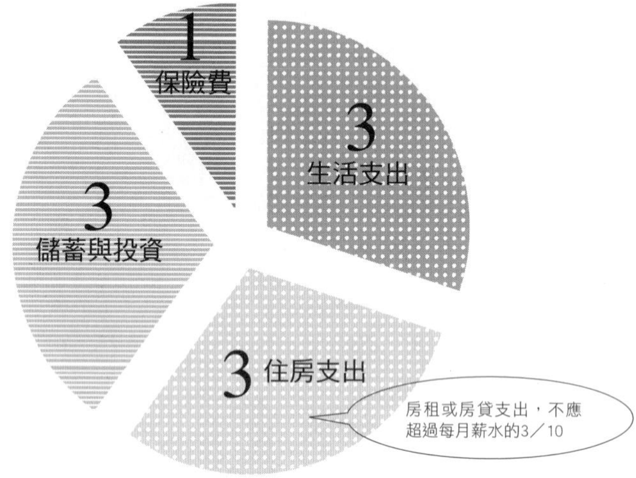

表2 每月薪水以「3：3：3：1」原則分配

3（生活支出）：3（住房支出）：3（儲蓄與投資）：1（保險費），將生活費留在薪資轉帳帳戶，其餘的錢照比例分別存入各分類好的帳戶。

喜好多變的基本人性。據說，愛好自由的射手女，是非常難以遵守財務原則、執行長期財務計畫的，可見這些原則完全違反我的天性，更何況在車禍以前，我對金錢的認知，僅止於花錢買自己想要的東西。這多麼令人鼓舞呀，如果連我都做得到，你也一定能做到。到目前為止，我始終遵守以下兩項財務原則，進行理財與投資——

① 每個月收入，以「財務合理分配原則」配置

無論賺多少錢，每月收入都依照「3:3:3:1」原則配置，這才叫做遵守財務原則，無關乎你賺的錢是

多或寡。這些比例分別是3（生活支出）：3（住房支出）：3（儲蓄與投資）：1（保險費），除了將生活支出留在薪資帳戶裡，其他的支出則依比重分別放進不同的帳戶。

(1)「住房支出」占3／10：每月薪水的3／10是住房支出的上限，如果你薪水的3／10不夠付房貸，代表你買的房子超過了能力範圍，或者依你現在的經濟能力，應該要以租屋代替買屋。尤其是40歲以下的世代，特別需要轉化新的思維，千萬別為了擁有一間自己名下的房子，一輩子當屋奴，等到你付清房貸的那一天，你的人生也已經失去很多機會。當然，每個人的人生目標不一樣，旁人無從置喙或干涉，但還是應該好好想想「要什麼」與「要得起」，絕對是截然不同的兩種思考。

倘若你是在合理的金額分配比重下，買了房子、並負擔房屋貸款，我會建議你使用「理財型房貸」計畫，未來逐步償還的房貸金額，就是你可加以運用的理財額度。而什麼是「理財型房貸」呢？每家銀行的房貸商品設計固然不盡相同，簡單地說，假設你的房貸是五百萬（台幣），你還了一百萬，這一百萬就變成你可以透支的額度，隨借隨還，利息雖比原房貸利息高，但卻比其他性質的貸款低得多。意即，你還了多少金額（房貸），那個金額就是你可加以運用的理財透支額度。

(2)「儲蓄與投資」占3／10：每月薪水的3／10用來做儲蓄與投資，除了將等同於自己年齡的金錢，放入低風險部位；其餘的錢則全部以定期定額方式，投入高風險的股票型基金。

(3)「保險費」占1／10：每月薪水的1／10用來繳保險費。選擇保險商品時，能否對抗通貨膨脹是我的主要考量，因此考慮這些低風險商品如人壽保險、儲蓄保險、定存收益時，每一種的實質年報酬至少要達到3％，否則不予考慮。

「盡可能增加每個月的儲蓄與投資比重，然後與中／長期財務目標相結合」這恐怕是很多人都做不到的事。但務必試著釐清，自己每個月應拿出多少錢做投資，在多少報酬率的預期之下，得花多久時間，才能完成中期財務目標，外加投資一點晚年的自己（準備退休金）……這一切全都分析得清清楚楚，將有助你弄清自己的財務現況，日後也才可能在花錢消費時，多一點理性考量。拿以上的標準，檢視你記帳後的財務狀況，如果你已能按財務合理分配原則去運用薪水，那麼恭喜你，以紀律幫助你實現夢想的可能性，大幅升高了。如果你的財務狀況仍不是很好，但你決心要改變現況，就一定能找到可剔除的消費支出項目。

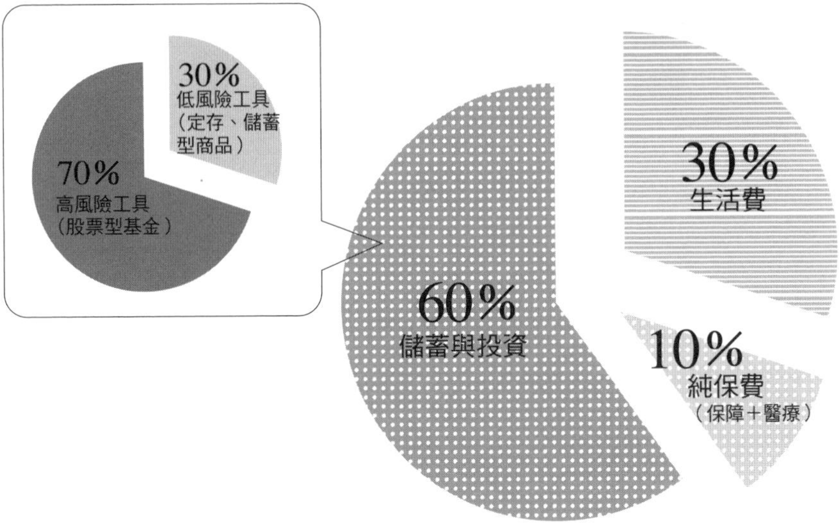

表3 每月NTD4萬薪水，如何配置？

例如：小金今年30歲，月薪NTD4萬，單身，跟父母同住，而且不需要負擔家計。依照合理的財務分配原則「3：3：3：1」，他可支出的生活費是NTD12,000（30%）、儲蓄是NTD24,000（60%）、純保費（保障＋醫療）是NTD4,000（10%）。儲蓄的部位再依照他的年齡做分配（無風險理財方程式），將NTD7,200（30%）放到低風險的工具（定存或儲蓄型商品，實質年利率達3%以上），將NTD16,800（70%）以定期定額的方式參與高風險的股票型基金。

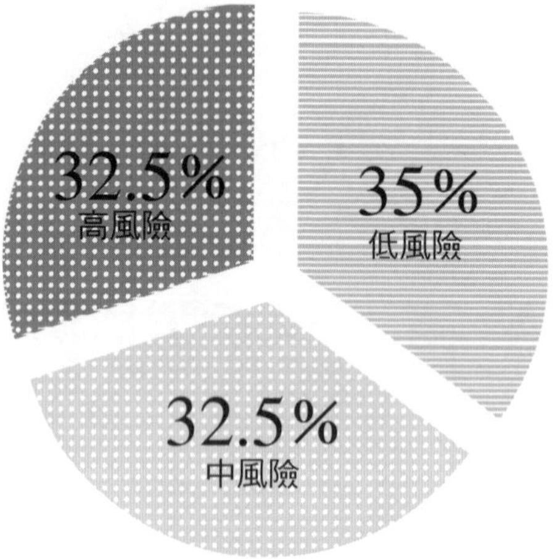

表4 **無風險理財方程式（針對已累積的存款）**

低風險%＝現在的年齡
中、高風險%＝（100－現在的年齡）÷2
每多1歲，低風險部位加1%，中、高風險部位各降0.5%

以35歲的小梅為例，她在低風險的投資工具應占資金的35% ，中、高風險部位的投資工具應各占資金32.5% 。

② 已累積資金，用「無風險理財方程式」配置

至於已經累積的存款，該如何進行資產配置呢？原則很簡單，同樣將資產分爲低／中／高風險三個部位，然後依照「無風險理財方程式」執行即可。

(1)配置對，確保財富：以我自己爲例，我將40%的資產放在低風險部位「做定存」（目前持有美元、歐元、新幣、人民幣，貨幣會變動，這樣規畫主要是以賺匯差來打敗定存低利率，以

達到目標3%以上的報酬率）。30%的資產放在中風險部位，參與「定期定額股票型基金」「單筆全球型基金」。30%的資產放在高風險部位，並且又再區分爲30%參與「單筆股票型基金」、70%買股票（選擇績優股）。

這套用來配置已累積資產的「無風險理財方程式」，已被我運用了十幾年，其間經歷亞洲金融風暴、千禧年網路科技泡沫化、SARS危機、二〇〇八年全球金融海嘯，在在證明了嚴守這個方程式的安排，確實能讓自己的財富永保安康。截至目前爲止，我經歷

理財小典

月薪NTD3萬，也能理財？

如果你的月薪是NTD3萬，依照財務合理分配原則「3：3：3：1」，應做以下安排——NTD9,000是生活費（食、衣、行、育、樂），NTD9,000是住房支出（房租或房貸、水電瓦斯費），NTD9,000做儲蓄與投資，NTD3,000買保險。

現在來算一算，你每天可以花多少錢？NTD9,000÷30天＝每天可花NTD300。如果你住在家裡、而且不需負擔家計，這樣一來，每個月便可省下NTD9,000的住房預算，由你決定，是要把這筆預算編列在生活費，還是增加「儲蓄與投資」的比重。若你選擇先儲蓄，透過投資組合去累積金錢，延遲享受生活品質，好處是，你能較快達到中／長期財務目標，如進修、買車、買房、結婚、準備子女教育基金、準備退休基金等等。

了好幾次牛市與熊市，之所以能勝出的關鍵因子只有一個，那就是做好資產配置，也就是好的投資組合，誠如〈兵勢篇〉提到：「紛紛紜紜，鬥亂而不可亂也；渾渾沌沌，形圓而不可敗也。……治亂，數也；勇怯，勢也。」

再次提醒，針對已累積的存款（資產），請就你現在的年齡來做各部位資金的分配，然後爲這低／中／高風險部位分別尋找風險合宜的投資標的。每多1歲就在低風險部位加1％，中、高風險部位各降0.5％，這就是無風險理財方程式，若能嚴格執行到底，毫無疑問地，你一定能夠完成自己設定的財務目標。

(2)投資不必看個性，而要理性：個性

「紛紛紜紜，鬥亂而不可亂也；
渾渾沌沌，形圓而不可敗也。……治亂，數也；
勇怯，勢也。」〈兵勢篇〉

＝

戰旗紛亂，人馬混雜，在混亂之中作戰，切要使軍隊整齊不亂。在兵如潮湧、混沌不清的情況下戰鬥，要布陣周密，保持態勢則不致失敗。嚴整或混亂，決定於組織編制的好壞；勇敢或怯懦，則由作戰態勢的優劣所造成。

造就命運，所以別再用個性來選擇投資標的了，而應該更理性地將已累積的資金，套用「無風險理財方程式」分配在不同風險屬性的投資標的。保守型的人總想從事「保本也賺大錢」的投資，積極型的人則只願意參與「高報酬賺大錢」的投資，但這兩種人到了終點站的那一刻極可能都是一場空，全敗在一個貪字，一個容易被騙，另一個容易因投機被騙、或一把輸光。

以二〇〇八年台灣發生的連動債風波爲例，受傷的族群大都是害怕損失卻又想擁有高額報酬的定存族、退休族（保守型投資人），商品本身並沒有錯。一般而言，國外投資銀行設計連動債時，都會註明適合參與這類商品的投資人，如果是複雜結構的商品，會以法人機構爲主，只可惜我們國內的銀行卻再拿來分拆賣給客戶。分析幾項產生投資糾紛的因素如下：

◎銀行的心態：銷售銀行在教育理財專員（簡稱理專）時，著墨的方向起源於當時決定分拆賣給客戶的起心動念。

◎銀行的隱匿：理專的銷售話術引導，刻意隱匿了風險，讓很多不具投資知識的定存族，誤以爲商品本身完全沒有風險，是替代低利率定存的好選擇。

◎投資人欠缺常識：從不做投資的定存族缺乏投資應有的常識，在銀行定存利率約爲1%的現況下，銀行怎麼可能平白送上一個「高利率、卻完全沒風險」的商品？定存族應該培養這樣的常識——看起來完全沒有時間性、報酬率、機制、人爲風險的投資本身，就是最大的風險。

天底下沒有白吃的午餐，投資市場的變化與風險雖可預測，卻無法百分百掌握。即便是國際性大師級的人物，十次可以對個七次就算箇中高手了。

你呢？如果你是積極投資、只願意做高報酬賺大錢投資的族群，你統計過自己的輸贏紀錄嗎？你仍樂在這起起伏伏、高高低低的人生？還是，你願意改變作戰模式，追隨〈兵勢篇〉：「戰勢不過奇正，奇正之變，不可勝窮也。奇正相生，如循環之無端，孰能窮之？」從此遵守財務規畫的作戰原則。

「戰勢不過奇正，奇正之變，不可勝窮也。
奇正相生，如循環之無端，孰能窮之？」〈兵勢篇〉

‖

作戰的方式方法不過「奇」、「正」兩種，可是奇與正的變化
卻永無窮盡。奇正之間相互轉化，就像順著圓環旋繞
似的，無始無終，誰能使它窮盡呢？

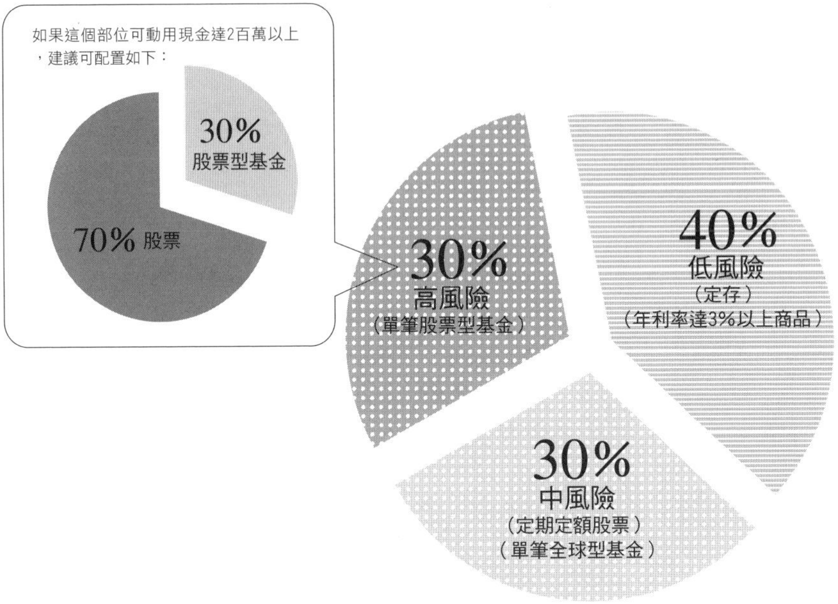

表5 已累積的存款，如何配置？

以年紀40歲、存款頗豐的小李為例，建議他可依照「無風險理財方程式」：

低風險%＝現在的年齡
中、高風險%＝（100－現在的年齡）÷2

將40%的錢放在低風險部位做定存（請選擇實質年利率達3%以上的商品），30%放在中風險部位的錢拿來買基金（定期定額參與的股票型基金、單筆參與的全球型基金）、30%放在高風險部位的錢，又分成30%買單筆參與的股票型基金、70%買股票（請選擇績優股）。

五部曲：製作個人財務報表

理財與投資是一個完整的財務計畫，不只是商品選擇而已，平日遵守前述「四部曲」中的兩項財務原則，進行每月收入與已累積資產的配置，每年則需製作個人財務報表，了解這一年來財富與負債的變化。

透過「資產負債表」與「投資損益表」，你可清楚評估手上各種股票、共同基金、不動產等投資標的，對你想要的財務目標產生了什麼樣的影響與貢獻，進而問自己：「現在要怎麼做？」資產負債表應該怎麼製作？如何分類？包含哪些項目？提供表六做爲參考。

① 四個製作資產負債表的重點

(1)每年生日後一天更新。
(2)每次更新要註明日期。
(3)資產依當日最新的市值，重新計算價格。
(4)保單解約後的現值，應計入資產項目。

② 六個看懂資產負債表的重點

完成資產負債表之後，根據表格內的數據，搭配手邊的投資損益表，檢視以下重點，思考該怎麼調整，才能提升整體的理財與投資效益。

(1)淨資產總額，與去年相比較，成長了多少？或衰退多少？

(2)淨資產總額成長、或衰退的原因是什麼？

(3)是否達到預期的財務目標？正負落差是多少？落差的因素是什麼？

(4)資產與負債比例，是否仍在財務安全的範圍內？

請謹記，負債額度最高不超過資產的60％。有卡費、貸款的人，每月支付銀行的房貸本息不能超過所得的1／3，每月繳款總額不能超過月薪的1／2。簡單地說就是，總負債不能超過薪水的五倍（例如月薪四萬的人，負債不能高於二十萬）。

(5)現金準備夠不夠，能否支應因負

理財小典

什麼是連動式債券（Structured Note）？

連動債並非一般人認知以為的債券商品，它是一種衍生性金融商品，結合零息債券與連結國外的期貨、指數、外匯、利率等選擇權。投資的資金裡，會有部分比例（依各商品設計而定）去購買零息債券，其餘可能是投入高報酬的衍生性商品。一般投資人，包括銀行理專在內，誰都無法拿到完整資訊以了解衍生性商品的變化，資訊是完全不對稱的。

債利率上揚，所需進行的償還調整？

各種貸款的利息都可能被調高或調降，端看央行與銀行的政策。像現在房貸利息很低，假設是1.8％，如果升息了，變成3.6％，房貸利息支出等於增加一倍，就看你的現金是否足夠支付。

(6)如果現金準備不足，有哪些資產可變現？

③ 八件個人財務報表教我的事

投資的目的是爲了賺錢，賺錢的目的是爲了提早達到財務目標，享受自己努力的成果。我十

表6 資產負債表

資產		負債	
1.現金資產		由利息最高的項目，往利息最低列舉	
（1）現金／活存	NTD300,000	1.消費貸款	NTD0
（2）定期存款	NTD7,300,000	2.汽車貸款	NTD0
2.流動性資產		3.死會	NTD0
（1）股票現值	NTD2,000,000	4.未付信用卡帳單	NTD0
（2）共同基金現值	NTD6,000,000	5.保單貸款	NTD0
（3）已繳活會金額	NTD0	6.房屋貸款	NTD15,000,000
3.非流動性資產			
（1）房地產／非自住	NTD15,000,000		
（2）房地產／自住	NTD16,000,000		
（3）保單解約現值	NTD2,000,000		
（4）黃金／鑽石現值	NTD500,000		
（5）汽車現值	NTD500,000		
資產總額	NTD49,600,000	負債總額	NTD15,000,000
淨資產總額	NTD34,600,000	成長／衰退總額	+NTD2,600,000
去年淨資產總額	NTD32,000,000	成長／衰退比例	+8.125%

日期：2010年6月1日
製表人：小威

分清楚自己的財務目標，並藉著個人財務報表所呈現的實際數據，在投資理財過程受益良多，下面分享幾件收穫：

(1)清楚自己現在的財務現況，以及還要多久才能達成未來的財務目標。

理財小典

市場上的連動債分為兩大類：

1.保本型連動式債券（Capital Guaranteed Notes），又稱參與債券（Participation Notes），本金是以預先決定的特定比率保證歸還（通常是原始投入金額之95%、97%、100%或105%），並將部分或全部利息拿去購買選擇權，利用選擇權的特色，參與標的資產上漲的好處。

2.高收益型連動式債券（Yield Enhance-ment Notes，又稱High Yield Note，簡稱YEN），依結構各有不同，所隱含的收益率較定存高，風險自然較大，通常為不保本架構。

投資連動式債券應注意什麼？

◎銀行不擔保投資人（即委託人兼受益人）在這項投資的原始投資金額、收益，以及管理、運用績效，投資人必須自負盈虧。

◎投資連動式債券，是屬於信託資金，而非銀行存款，所以並不擁有受託人（銀行）所投保的銀行存款保險之保障。

◎提前贖回的約定是什麼？

◎是否保本？無條件保證獲利是多少？

◎需衡量相關風險，包括流動性風險、發行機構的信用風險、匯兌風險、受連結標的影響之風險等等。

◎可能會面臨投資標的本身、或發行機構債信下降及運用的損失，或是因政治、經濟、國家、市場、戰爭、交易對象等，以及其他不可抗力或不可歸責於受託人（銀行）之事由，所產生的投資風險。這些相關的投資風險，全由投資人（即委託人兼受益人）自行承擔。

可以設立一個在未來數年內要達成的目標，然後計算每年要有多少報酬率才能達到。或是，你也可就自己的投資能力進行評估，估算年報酬率，再推算需要花多少時間達到目標。

(2)清楚自己的資產與負債，並可根據經濟環境變化，定期評估負債的處理。是保留？還是維持？是降低？還是增加？負債的存在，對整體資產而言是否有正向的貢獻？

爲什麼「負債對整體資產也會有貢獻」呢？就拿前述的資產負債表舉例來看，裡頭的一千五百萬房屋貸款，就是一筆良性的負債。從資產狀況來看，你可以發現這筆負債是刻意存在的，原因是——現階段的房屋貸款利息很低，小威不願意拿現金資產去還房屋貸款，而選擇支付銀行低利息的房貸，然後把現金拿來做投資套利。顯然，經他評估，現在的投資環境相較於利率環境，是有套利空間的。

(3)清楚資產項目中每一個投資商品的持有成本、現在累計報酬，這樣會比較容易評估，它們對財務目標的貢獻，是否達到自己的期望。

前述資產負債表的主人小威，設下8%的年度財務增長目標，他可從資產負債表上的數據呈現，看看單項投資的損益狀況，檢視哪個部分的報酬率不及8%？並了解是短期或長期因素所致，以做進一步判斷。

(4)比較今年度與往年度，分析自己的收入來源，在工資收入（薪資所得）、被動收入（版稅所得、租賃所得、企業營運分紅等等）、投資有價證券收入（產生收益的股票、基金等等）的分配上，是否達到預定目標，藉以從中檢視自己的工作與投資理財能力是否提升，自己尚欠什麼樣的財務知識。

(5)面臨一個新的投資選擇時，較能夠考量全局，幫助自己在「做與不做」之間迅速決策。

(6)在階段性財務目標尚未達成之前，這份財務報表能在你面對人性的誘惑與挑戰時，將你拉回現實，聚焦在自己的計畫上。

(7)這份充滿客觀數據的財務報表，能讓你很理性地看待自己的財務狀況，無從輕忽事實，一味信任感覺。

理財小典

理財投資不複雜，只有4個原則

1.每個月的工作所得，依照財務合理分配原則「3：3：3：1」配置。

2.已累積的存款（資金），依照「無風險理財方程式」配置。

3.每年生日後隔一天，固定檢視資產負債表與投資損益表，了解目前財務狀況。

4.特殊經濟環境變化時，也需檢視一下手上進行的投資標的物（非定期作法）。

(8)每一次檢視財務報表，都能從中看到自己又往前邁了一步，信心與成就感也會增強，這也等於更添自己內在的正面力量。

理財QA

Q 該如何設定短／中／長／期財務目標？

A 建議可以這樣設定財務目標：從短期目標開始列，接著列中期，再來才是長期目標。而且，每個階段的目標，都要從比較容易完成、最迫切需要的項目開始列舉，以表示優先順序。

以40歲的俊之爲例，他的年薪兩百萬（台幣）、已婚無子女、每月支付母親生活費一萬、每月房貸支出八萬、現有存款八百萬（銀存＋股票現値＋基金現値）。他與財務顧問共同研擬出的短／中／長／期財務目標如下——

短期目標（滿足當下生活需求）

生活費	食、衣、住（房貸或房租）、行（交通）、育、樂
	NTD132萬 【NTD11萬／月（含房貸支出NTD8萬）×12】
父母孝養金	NTD12萬 【NTD1萬／月×12】
生病額外支出風險保障	醫療保險費
	NTD4.5萬／年
生命責任與財務風險保障 註1	保費USD5,000／年，壽險保額USD45萬
	選擇美國萬能壽險（優利存款＋保險），年繳金額USD5,000，在俊之的財務計畫裡，被列為退休儲蓄計畫項目，他在60歲結束計畫時，約可領回USD20萬（相當於NTD640萬），保險期間並可擁有USD45萬（相當於NTD1,440萬）壽險保障。**※匯率以USD1＝NTD32計算※**
旅遊	NTD8萬／年
捐款	NTD2.5萬／年
所需總額	NTD159萬／年 【NTD132萬＋12萬＋4.5萬＋8萬＋2.5萬】

中期目標（10年內想完成的事）

進修	攻讀並拿到企管碩士學位
	NTD60萬
創業	NTD100萬
換車	Mercedes Benz SLK
	NTD357萬
從薪資提撥年度總額	NTD24.6萬 （年薪NTD200萬－年生活支出NTD159萬）× 60%
	【如何配置】 套用無風險理財方程式，應屬中高風險部位，占60%，全數買基金

長期目標（10年以上）

準備退休金	NTD5,000萬
從薪資提撥年度總額	NTD16.4萬 （年薪NTD200萬－年生活支出NTD159萬）× 40%
	【如何配置】 套用無風險理財方程式，應屬低風險部位，占40%，等於現在的年齡

註1

◎如何計算「最低壽險保障需求」？
(年生活費×10年)＋【年父母孝養金×(80－較年輕的父或母年齡)】
所以本案例的保額為：(NTD132萬×10年)＋【NTD12萬×(80－70)】＝NTD1,440萬(USD45萬)

◎承上，為何要以10年做為「生活費」的計算標準？主要考量有三：

1. 重症病患平均約於10年內過世，為彌補照顧自己多年、在身心與金錢上幾乎付出一切的家人，至少應留給他們10年的生活費。
2. 若是失能的情況，就無法估算存活年限，只能依靠長期看護險種，保障足額金錢用以照顧自己，而不致拖累家人。留給家人10年的生活費，與 1. 的考量相同，是身後對家人的補償計畫。
3. 若生急病或意外過世，一個家庭失去經濟支柱後，平均約需花上10年才能回復生活常軌。

第4講

入門理財：數字不神祕、超簡單數學

很多人常說「定存零風險」，
事實上定存的風險很大，
而且是每天一點一滴被通貨膨脹吃掉卻不自知。
我常說，人生最可怕的事，
都是在你沒感覺、沒想到的時刻裡，悄悄地發生……。

第④講 入門理財：數字不神祕、超簡單數學

【孫子兵法・軍爭篇】

孫子曰：凡用兵之法，將受命于君，合軍聚眾，交和而舍，莫難於軍爭。軍爭之難者，以迂為直，以患為利。故迂其途而誘之以利，後人發，先人至，此知迂直之計者也。

故軍爭為利，軍爭為危。舉軍而爭利則不及，委軍而爭利則輜重捐。是故卷甲而趨，日夜不處，倍道兼行，百里而爭利，則擒三將軍，勁者先，疲者後，其法十一而至；五十里而爭利，則蹶上將軍，其法半至；三十里而爭利，則三分之二至。是故軍無輜重則亡，無糧食則亡，無委積則亡。

故不知諸侯之謀者，不能豫交；不知山林、險阻、沮澤之形者，不能行軍；不用鄉導者，不能得地利。故兵以詐立，以利動，以分合為變者也。故其疾如風，其徐如林，侵掠如火，不動如山，難知如陰，動如雷震。掠鄉分眾，廓地分利，懸權而動。先知迂直之計者勝，此軍爭之法也。

《軍政》曰：「言不相聞，故為金鼓；視不相見，故為旌旗。」夫金鼓、旌旗

者，所以一人之耳目也。人既專一，則勇者不得獨進，怯者不得獨退，此用眾之法也。故夜戰多火鼓，晝戰多旌旗，所以變人之耳目也。

故三軍可奪氣，將軍可奪心。是故朝氣銳，晝氣惰，暮氣歸。故善用兵者，避其銳氣，擊其惰歸，此治氣者也。以治待亂，以靜待嘩，此治心者也。以近待遠，以佚待勞，以飽待饑，此治力者也。無邀正正之旗，勿擊堂堂之陳，此治變者也。

故用兵之法：高陵勿向，背丘勿逆，佯北勿從，銳卒勿攻，餌兵勿食，歸師勿遏，圍師必闕，窮寇勿迫，此用兵之法也。

【理財兵法】

〈軍爭篇〉都在談用兵的法則，從將帥接受國君的命令，到徵集民眾、組織軍隊，及至與敵人對陣，為了在戰場上制勝，這一連串過程需考量種種細節，再也沒有這更困難的事了。如果我們把範圍從戰場縮小到個人的理財與投資，概念也是一樣，有非常多面向需要加以思考與決定，包括思考模式的轉換、正確心態的建立、管理風險、組織作法、善用環境的變化、學習了解自己的人性弱點（投資行為的本質，其實是心理活動）、選擇適合的投資方法與工具……無不需要保持專注力、自制力、戰鬥力，而要養成這三力，挑戰性不可謂不大。

每個數字背後都有它的意義，**孫子說：「軍爭為利，軍爭為危。」**是的，我們的確應該了解每件事都會有順利的一面，也會有危險的一面。所以務必在展開理財行動前，根據現有的數據做分析，了解各種項目、數字背後的

「軍爭為利，軍爭為危。」〈軍爭篇〉

＝

軍爭既有順利的一面，同時也有危險的一面。

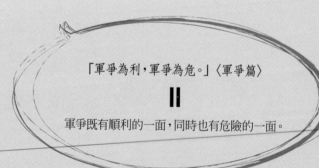

意義，以及它們與你的切身關係，這麼一來，你的本能將會幫助你排除各種不利因素（包括一個無法達成目標的財務計畫），權衡利害關係，做出最有利的決策。

根據行政院主計處國民所得統計，二〇〇九年台灣國民儲蓄毛額達三點六兆元，儲蓄率占國民生產總值（GNP）的28.1％，儲蓄率雖創下近四年最低，但國內投資的毛額更低，閒置資金（「儲蓄」減去「投資」等於「超額儲蓄」）升至一點五兆元的歷年新高水準。游資過多，未進入投資市場，將不利台灣經濟發展。

溯及一九八六年至一九九〇年，台灣的儲蓄率平均爲34％，是儲蓄率非常高的國家；之後隨著人均所得提高，爲追求更好的生活品質，民間消費快速成長，儲蓄率在一九九一年至一九九五年降至28.1％，一九九六年至二〇〇〇年一路下降至26％，二〇〇一年至二〇〇五年微升至27.5％，二〇〇六年至二〇〇九年又升至29.3％。近二十多年來的數據顯示，台灣的儲蓄率正在加速回升，這說明了民間消費又漸衰退，主要因素應是近年來經濟全球化導致產業快速外移，受雇人員實質薪資負成長，經濟前景的不確定性日漸升高，種種趨勢都讓民眾寧可少一點消費、多一點儲蓄，以降低日後的家庭經濟風險。特別是歷經了二〇〇八年中至二〇〇九年底這一波全球金融海嘯的襲擊後，人們的財富增長若僅是回到原點那還算好，那些在最壞時刻非理性售出投資資產、損失高達80%以上的人，受損情況眞的很慘烈，這正是爲什麼，我們在這段期間裡再次看到，台灣人儘管知道銀行利率很低，把錢往銀行存放的儲蓄率仍舊激增。

我曾在《今周刊》讀過一段很値得玩味的話──「人類因懷有希望，而陷入各種非理性狂熱的樂觀情緒，毫無根據（我們剛經歷的金融泡沫）；那麼不抱任何希望的悲觀情緒，同樣也是毫無道理（我們正在面對的考驗）。」相信大部分人或多或少都會進行理財與投資，只不過能有計畫長期執行簡單財務原則的人，眞是少之又少，尤其若是遇到經濟循環往下走的階段，投資報酬率呈現負値時，每個人所謂的安全邊際都各不相同、且毫無準則，情緒反應與決策很難不受到市場現狀影響。

回想千禧年那一波網路科技泡沫、二〇〇三年SARS帶來的人類滅絕恐慌，及至二〇〇八年的全球金融海嘯，無論是法人或個人，你是否看見了資金挪動的方向都有一些類似的軌跡？二〇〇八年底，國內金融機構再次端出八年前的大菜，銀行理財專員與保險顧問也再次拾起八年前推廣業務的方式，讓客戶的資金從投資市場出場，大額轉入無法抵抗通膨、實質利率為負的「短年期儲蓄型保險」，因而創造了一波熱賣潮。

然而，我們進行理財與投資的目的，是為了對抗通膨，因應不期然的風險，並一直支應自己想要的生活方式，而不是為了保本。我常說，進行一項投資時，若選擇商品的基礎是為了保本，那就不適合做投資，而應該把錢放在保守的定存、或可保證利率的保險商品即可。在此與大家分享一個觀念：「理財與投資，我們不談保本，而是談保值！對於任何長期的保守工具，只要實質利率低於3%年息，基本上是不值得考慮的。」如果你認為市場再也好不了，經濟只會越來越壞，那麼現在認眞地把錢搬來搬去藏起來，意義又是什麼？這不是世界末日，巨大的獲利機會正在醞釀中，你該專注的是怎麼做，讓現金與勇氣帶領你參與下一波榮景。

累積財富的2條路

每個人的一生都是一個累積的過程，如果你把追求財富人生的過程，看得更廣義一些，你就會發現它的豐盛。累積財富只有兩條簡單的道路，一是投資自己，投資自己賺錢的能力，讓你依靠工作、事業、投資來賺錢；二是理財與投資，嚴防辛苦賺來的錢因爲通貨膨脹、稅金、戰爭、政治改革等大環境變數，導致各式各樣不等的財富縮水情況產生。

① 培養專業能力，無形中累積財富

極少數的人會在踏入職場之初就選擇創業，大部分的人都會跟我一樣，先進入企業工作。記得剛進職場那幾年，我第一次接觸了台股的投資，初嘗甜頭使我感覺：「靠買賣股票賺錢，比上班容易多了。」這樣的初步認知，從此讓我忙得不得了，白天上班常爲了是否要出脫或買進股票，心情很忙；下班後，又爲了研究是否要出脫或買進股票，耗費了很多的時間。

還好，從第一次投資開始，我就針對自己的投入與報酬做了投資損益表，如此忙了一、兩年後，我看著結果，問自己：「投入了這麼多時間與精力，在這麼長的時間裡，我所得到的正報酬卻是台幣三百四十二元，這樣做値得嗎？我眞的認識股市嗎？眞的了解如何正確投資股票嗎？還要一直這樣殺進殺出嗎？我不累嗎？」更何況，我的資本眞的很少，就算投資能力與運氣都到位，所能產生的實質收益還是很少，甚至比不上公司每年爲我調薪的幅度。

這就如同〈軍爭篇〉所言：「故不知諸侯之謀者，不能豫交；不知山林、險阻、沮澤之形者，不能行軍；不用鄉導者，不能得地利。故兵以詐立，以利動，以分合為變者也。」於是當時的我做了一個很慎重的決定，我決定調整投資方向，先努力投資自己，加強工作上的專業技能，認眞投入公司所交付的責任，超越老闆的期望值，追求工作實力的成長；同時，也尋找一個簡單理財的模式，管理自己的工作所得，以期得到合理收益。

② 我如何賺到人生第一個一百萬

那時，累積人生的第一個一百萬是我第一個財務目標，很幸運的，我花了三年時間完成，而且拿這筆錢與家人合資當頭期款，在台北市東區訂下人生第一間三十八坪三房兩廳的公寓，這段期間我所做的，其實只是——

(1)一開始：先運用簡單的財務合理分配原

「故不知諸侯之謀者，不能豫交；
不知山林、險阻、沮澤之形者，不能行軍；不用鄉導者，不能得地利。故兵以詐立，以利動，以分合為變者也。」〈軍爭篇〉

＝

不了解諸侯列國的戰略意圖，不能與其結交；不熟悉山林、險阻、沼澤的地形，不能行軍；不利用嚮導，便不能得到地利。所以用兵打仗，必須依靠詭詐多變來爭取成功，依據是否有利而決定自己的行動，按照分散或集中兵力的方式以變換戰術。

則「3:3:3:1」，計算出每月的生活費、保費、住房支出金額。

(2)往後幾年：無論每年調薪多少、拿到多少年終獎金，都全數歸到投資的比重裡。這代表，我財務計畫中的「儲蓄與投資」比重，在那之後的很多年裡，都高於每月收入的3／10，「生活費支出」則低於收入的3／10。至於每年出國旅遊的預算，爲了不破壞存錢大計，我只好另尋方法賺足，像是晚上兼差幫小貿易公司寫英文書信，這可是賺錢、賺人脈、練英文的三贏策略喔！

因此可以說，30歲以前的我，認眞工作、學習工作專業與投資知識、賺錢與存錢；在理財上，除了放三個月的薪水在定存，做爲生活緊急預備金，其餘都投入買保險與定期定額基金。30歲以後的我，隨著耕耘人脈，逐漸增進了工作實力與收入，累積了一些存款與能量；在理財上，除了繼續維持每月的薪水分配計畫，也開始針對已累積的存款做投資組合，關於財務分配原則我始終沒變，一直保持單純的資金分配內容，只是投入的金額一直變多罷了。

即便如此，理財人生也絕不可能從此「一帆風順」。每年財務報表上的帳面數字只增不減，當然是絕大多數人的期待，而這也是一般人無法把持住好的投資組合，堅定進行長期投資的原因。但試想，如果你開了一家公司，每年都賺錢，你會因爲某一年不賺錢，就立刻把公司收掉嗎？賠錢的生意當然沒人做，但是投資大業看的不是短期，而是長期展望。在過去十二年間，我的投資損益表經歷了亞洲金融風暴、千禧年網路科技泡沫所引發的經濟震盪，兩度慘不忍睹，但我得感謝自己的理財投資方式一向很單純，也要感謝我對自己的財務計畫深具信心，更要感謝自己從這兩次看似災難的過程中，印證、學習到新的知識（包括專家的經驗），這些體驗都有助我從內在生出新的力量。然後，來到二〇〇三年SARS的襲擊與二〇〇八年全球金融海嘯，我因理解人性的弱點（知彼知己）而從中掌握到很大的投資機會，創造了可觀收益，最終我的財富確實只增不減，平均年報酬率遠超過定存，打敗長期通貨膨脹率。

〈軍爭篇〉有云：「軍爭之難者，以迂為直，以患為利。」這是非常不容易做到的，如果我在克服自己人

「軍爭之難者，以迂為直，
以患為利。」〈軍爭篇〉

＝

爭奪制勝，最困難之處在於要把迂迴的彎路
變成直路，要把不利轉爲有利。

性弱點上有一些些的成長，毫無疑問，是信仰帶給我的幫助。我的心得是「一輩子沒賠過錢的人，一定不可能很有錢」，這句話是否讓你心裡感到舒坦一些呢？

決定財富的3要素

而〈地形篇〉則提到「夫地形者，兵之助也。料敵制勝，計險、遠近，上將之道也。」地形是用兵打仗的輔助條件，決定財富也有三個輔助條件，可稱之為「財富金三角」，這是每個人都應該了解並加以運用的。那麼決定財富的三要素是什麼呢？這可分為邏輯性與非邏輯性因素來談。

① 邏輯性因素

就邏輯性因素而言，決定財富的三要素是——時間、利率、本金。舉例說明，小美、莉莉、嘟嘟三人要從台北到高雄，小美選擇搭高鐵，莉莉選擇搭巴士，嘟

「夫地形者，兵之助也。料敵制勝，計險、遠近，上將之道也。」〈地形篇〉

＝

地形是用兵打仗的輔助條件。正確判斷敵情，積極掌握主動，考察地形險惡，計算道路遠近，這些都是賢能的將領必須掌握的方法。

嘟選擇搭飛機，三人最終都會到達目的地，但每個人花的成本與時間卻都不同。也就是說，相同的財務目標，會因爲投入的「本金」不同、放置的標的不同，產生的「利率」也不同，最後會在不同的「時間點」完成目標；這三個因素是環環相扣的，彼此的連動性很高。

(1)時間：人人都有，卻常忽略

談到時間，這對每個人而言是最公平的條件，而且可以自己掌控，卻也是最容易被忽略的要素。這個因素沒有任何技術性問題，越早開始理財行動越好。〈作戰篇〉曾提到一個觀點：「故兵聞拙速，未睹巧之久也。夫兵久而國利者，未之有也。」（見頁一九）在財務的規畫與執行上也是同理，應該要立即行動，邊做邊學，別老想著要先學會這樣規畫、那樣投資、等賺足多少錢後才要開始。很多人常習慣性地說：「我賺的都不夠花了，還談什麼理財！」然而就是因爲錢太少，才需要理財。對有錢人而言，除了進行財產保全與移轉計畫，其實他們早已不太需要積極理財以追求資本增值，畢竟關於人生可能面臨的各種財務風險，他們的財富早就達到能應付自如的境界，還可滿足他們在不同人生階段的生活享受。有趣的是，這些越不需要積極理財的有錢人，反而都越認眞理財，不爭的事實是——因爲愛理財，所以才會越來越有錢，這是很好的循環。

而那些幸運中了樂透彩、變得富裕的人，中獎之後，後續又多半如何呢？曾有人對此進行統計，發現這些人平均會在七年後回歸中獎前的財務原點。爲什麼呢？當一個人錢還很少時沒養成理財習慣，等到有錢時一樣不會有正確的觀念與習慣。越早開始「理財」越有助累積資金，資金足夠了，就可以透過好的「投資」組合，提早達到財務目標。

假設你在25歲進入職場後，就開始做財務規畫，每月拿出薪水兩萬五千元的6／10（一萬五千元），運用前面章節提過的「定期定額基金」、「利率優於通膨率的保險儲蓄計畫」（美國國際保單中的萬能壽險）來分配投資比重，讓每年可產生的平均報酬收益達到年利率8％，之後即使在往後三十五年間都不再增加任何儲蓄，你知道嗎，等到60歲退休時，你將可累積超過三千萬的財富。但如果你35歲才開始進行相同的計畫，在相同的年利率下，累積相同的退休金，每月卻得投入三萬五千元以上才能達到三千萬的目標。而如果你拖到45歲才開始相同的計畫，每月可就得投入九萬五千元才行。從數據來看，不斷延後做財務規畫的「時間」，將付出何等「高昂」的代價，讀完這本書，就請立即採取行動吧！

(2)利率：72法則，算出賺錢本事

對大多數人而言，「利率」與「報酬率」是大家最在乎、卻最難掌握的財富增長要素，因爲這牽涉到每個人的投資觀念、個性、紀律、運氣。理財與投資是一個長期工程，執行財務計畫的過程中會受到很多外在因素干擾，關於這個部分，後面章節會分享我是如何運用一些理財方法，克服人性面問題，讓我在設定出一個好的投資組合之後，便能一直長期持久、毫不動搖地執行下去。

現在，我想以「72法則」（「72」÷「利率」）幫助大家了解利率的重要性，以及爲什麼一定要進行投資，給予財富增長的空間。

假設你在30歲那年，擁有本金一百萬，投資理財的能力一直維持在創造2%的利率，根據「72法則」（「72」÷「利率2%」），要經過三十六年，你的一百萬才會變成兩百萬。但如果你能提高投資理財的能力，不斷爲你的財富創

表7 3千萬的退休金計畫

計畫始期	每月投入金額	年利率	60歲目標
25歲	**NTD15,000**	8%	NTD3,101.7萬
35歲	NTD35,000	8%	NTD3,101.7萬
45歲	NTD95,000	8%	NTD3,101.7萬

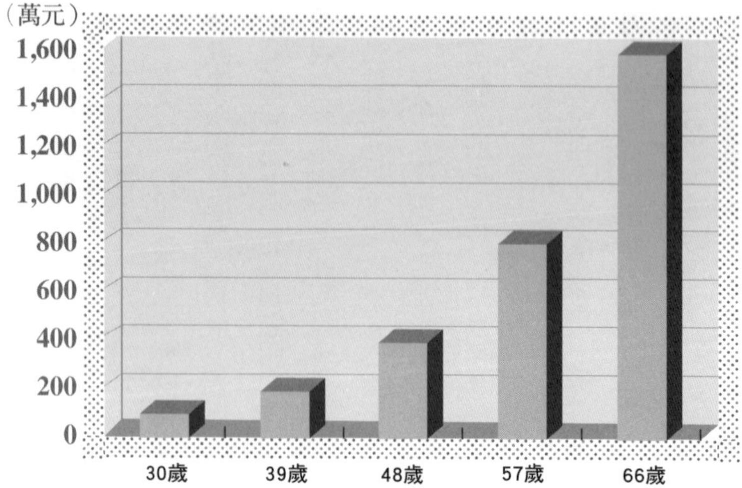

表8 **「72法則」，帶你認識高利率威力**

72 ÷利率＝本金增加1倍的時間（也等於物價上漲1倍的時間）

假設你在30歲那年，擁有本金100萬，投資理財的能力高達8%利率，你的100萬經過9年就會變成200萬（72÷8＝9），以此類推。

30歲　100萬→39歲　200萬→48歲　400萬→57歲　800萬→66歲　1,600萬

造8%的利率，根據「72法則」（「72」÷「利率8%」），你的一百萬只要花九年時間，就可以變成兩百萬。

相同的起始點、相同的金額，只因投資理財的能力不同（這影響著「利率」），效益竟如此大不同。這樣的舉例，能否喚起你學習理財與投資的興趣呢？如果你真的對「學習投資，以縮短達成財務目標的時間」這件事提不起興趣，那還有一條理財的路，就是

拒當上班族，改當專業人士如醫生、會計師、財務顧問、建築師等，或者自己創業（但要記得評量自己是否具有創業基因，畢竟一事無成的老闆仍占多數），想辦法賺取更高的工作所得，並存下大部分的收入，聚焦在「快速增加工作所得與適當理財，並懂得對抗通膨等種種因素，好讓財富不縮水」，以利早日完成自己的財務目標。關於這一點，我特別認同〈地形篇〉所言「故知兵者，動而不迷，舉而不窮」的觀點，了解自己是很重要的，找到對的人生方向，做起事來才不會困惑，如此一來，在擁有明確目標的前提下，遇到問題時，便能較懂得應變而不致慌亂，也才較有機會「知彼知己，勝乃不殆；知天知地，勝乃不窮」，集天時、地利、人和於一身，平順度一生。

(3)本金：理財開始越早，本金負擔越少

就我的觀察，很會賺錢的族群對於「與錢有關」

「故知兵者，動而不迷，舉而不窮。故曰：知彼知己，勝乃不殆；知天知地，勝乃不窮。」〈地形篇〉

||

懂得用兵的人，他行動起來不會迷惑，他的作戰措施變化無窮，而不致困窘。了解對方，了解自己，爭取勝利時就不會有危險。懂得天時，懂得地利，就能掌握永無窮盡的順利。

的各種計畫，莫不抱持著開放的心態，總是以最積極的態度去學習與執行，對他們而言，工作與事業本身就是最大的投資，如果你在工作與事業上表現優異，代表你擁有開放健康的心態，以及積極進取、追求卓越的態度，這也有助你將財務計畫與家庭生活經營得更好。因此「本金」這個要素，與個人的賺錢、理財能力關係匪淺；但對上班族而言，薪水的漲幅卻是自己無法掌控的，最好的作法就是提早規畫，運用「時間」與「利率」來幫自己完成財務目標。

這裡再換一個角度說明「時間」與「本金」的關係。在利率因子固定的情況下，若你預計在60歲退休時擁有兩千萬退休準備金，並從25歲剛踏入職場時，就開始投入這個退休計畫，那麼你每月所需準備的本金其實不到一萬元，像一顆放在口袋裡的小玻璃珠，輕鬆無負擔；但如果你到了35歲才開始投入這個計畫，每月所需準備的本金，存在感開始重了起來，像顆網球般，雖能放進口袋裡，可是會很勉強，凸凸繃繃的，不再感覺輕鬆自在；假設你到了45歲才正視退休金計畫的重要，此時所需投入的本金每月將高達六萬多

表9 **2千萬的退休金計畫**

計畫始期	每月投入金額	年利率	60歲目標
25歲	**NTD9,672**	8%	NTD2,000萬
35歲	NTD22,798	8%	NTD2,000萬
45歲	NTD61,383	8%	NTD2,000萬

元，這金額就像一只沉甸甸的保齡球，根本裝不進口袋，抱著走也覺得累。

② 非邏輯性因素

那麼決定財富的三項非邏輯性因素又是什麼？答案是——信念、執行力、紀律。如果你打從骨子裡相信自己做得到，你就會不斷找方法，而不是找藉口，這樣的信念會幫助你有紀律地長期執行財務計畫。

人生所有逆境的安排，都只是爲了幫助你憶起你是誰。每個人內在的靈性都充滿無限的可能性，如果你在財務上感到壓力，那麼這是一個訊號，是一個讓你掌握自己財富人生的契機，你必須要眞心相信。

我從小生長在一個小康家庭，物質上雖不缺乏，卻毫無揮霍的空間；即使是剛踏入社會、成了月光族，我也從不曾感覺自己貧窮，而是一直想辦法增加收入，滿足自己的消費欲望。車禍休養後，我重新步入職場，爲了變成一個眞正有錢、有餘裕的人，我不斷修正自己的生活消費習慣，認眞地儲蓄，學習理財與投資，在這個過程中我也從不曾感覺貧窮，而總認爲自己很富有。近幾年來，我自靈性的提升與學習中意外發現，「一直認爲自己很富有」這股心念，眞的創造出了事實，我就這麼在人生各面向中逐漸富足起來……。

定存利率1%，不敵通貨膨脹率3%

人生充斥著無數變數，每一項都會逼使你挑戰自己的理財紀律。愛因斯坦曾說複利的威力更勝原子彈的威力；相對的，通貨膨脹的威力也不亞於複利。若你已從前面談「時間、利率、本金」的內容，充分理解複利對財富增長具有莫大力量，接下來，若你也能眞正認識通貨膨脹的蠶食力量，一定會更有助你眞正徹底執行長期的財務計畫。

①「一百萬定存」今非昔比，虧很大

記得小時候常聽我媽媽說：「你們長大以後都不必擔心爸媽的退休生活費，我跟爸爸的儲蓄產生的年利息，夠花費了。」我猜媽媽現在一定很後悔當時這麼說。她經常這麼想、這麼說，讓我們也就這麼信了，很自然的，我們的腦袋裡便沒有任何負擔，不覺得日後需要每月提供生活費奉養父母。當時，媽媽一定想不到定存利息竟有低於1%的這麼一天，錢越來越小，而東西越來越貴。

東西到底貴了多少？小時候，吃一碗麵差不多十元，買一個菠蘿麵包五元，現在麵一碗至少三十五元，菠蘿麵包一個二十五元，價格漲了三到五倍，可是麵沒有變大碗，菠蘿麵包的分量也沒變得更大。很多人常說「定存零風險」，事實上定存的風險很大，而且是每天一點一滴被通貨膨脹吃掉卻不自知。我常說，人生最可怕的事，都

是在你沒感覺、沒想到的時刻裡，悄悄地發生⋯⋯。

我念小學時，媽媽就擁有了人生第一個一百萬的定存，當時，有一百萬就算得上是富翁了，可以在高雄買三棟透天厝。但媽媽以爲世界不會變，以爲定存利率永遠都能超越10％，於是採取存本金花利息的作法，結果她的一百萬至今仍是一百萬，本金依舊在，表面上看來完全沒虧本，實質上購買力虧很大。在這個達上億資產才能稱富翁的年代，現在手邊擁有一百萬，在高雄可買不到一棟透天厝，可能的話，勉強買個車位啦！

從現在的存款利率對應現在的薪資水平來看，現代人再也沒有「不理財與投資」的條件了。這幾年，我因爲出書，上媒體、演講，接觸了很多剛步入社會的年輕人，這才了解現在的社會新鮮人薪資水平，竟與我十七年前剛進職場的收入差不多；但問題是，十七年來物價卻已有很大差異。難怪現在越來越多受薪階級的年輕人不敢結婚生子，沒有買房子或租房子需求的人，才可能透過一些理財規畫，進行投資以計畫未來，否則根本是負擔不起的未來，這也說明了爲什麼那麼多年輕人寧願選擇及時行樂。看來，如何增加自己的競爭力與賺錢能力，將變成個人理財工程很重要的一部分。

② 擺脫養不起的未來

曾有一位同事跟我分享一個實務案例，使我印象很深刻。有次她到科技公司拜訪客戶，認識了一名女工程師，女工程師現年40歲，她很無奈地向我同事娓娓道出財務處境：「我媽媽40歲那年生下了我，現在我來到媽媽當時的年齡，所以現在媽媽已經80歲，父親不在了，只剩我們母女倆相伴。但因爲晚婚生子，媽媽把所有收入都投資在我身上，留下的一點點存款和勞保退休金，也都讓我拿去當購屋頭期款。現在，媽媽罹患了老年癡呆症，需要有人二十四小時陪伴，我只好請外籍看護。我雖然在科技公司上班，但月薪其實不到五萬元，扣除外籍看護費用與要繳的房貸，每月只剩下幾千元的生活費，如果不是有兩個月的年終獎金，生活都快成問題了。你可不可以告訴我，我媽媽現在有我，將來我卻只有自己，可是我的未來在哪裡？」說眞的，對於這位40歲女工程師的處境，我所能想到的建議是——拉長工作時間、延後退休年齡、提升工作能力、兼差（賺更多錢），或把自己嫁給一個經濟狀況好的男人，或者最後把房子賣了去住公立養老院。

這個案例很直覺地讓我反思到，自己也正計畫在這個年齡孕育小孩，雖然生理年齡是很大的壓力，但幸好我在心理或財務上的準備都很充分，這著實讓我安心不少。我不希望看到，有一天，將來我的孩子40歲了，坐在一個財務顧問面前傾訴自己辛苦的處境，描述父母已成了她人生中最沉重的負擔，而她再也不對未來懷抱任何期望。

回到《孫子兵法》第一篇〈始計篇〉的重點，人生有各式各樣的面向，我們必須重視當下的每個決定，因爲它決定著自己的未來。不管有沒有生小孩，我們一定要從年輕就開始養「錢小孩」（千元鈔票上印了四個小朋友，可不是？），將來才能好好照顧自己，也降低下一代／社會的負擔。經歷二〇〇八年這一波金融海嘯，目前全球仍處於低利率環境，各國政府能做的不外乎是印鈔票、發行公債來解決燃眉之急，而當大量的貨幣在外流通，貨幣的價值就減少了。足見，未來仍會持續低利率的走勢，定存所潛藏的「保本不保值」風險也就越來越大，可是財務計畫中／低風險部位的配置卻又不可少，那究竟該怎麼做呢？

理財小典

退休金該存多少才夠？

如果你希望退休後仍能維持退休前的生活水平，或可參考《財星》雜誌提出的退休金簡易計算公式：

表10 **退休金簡單算**

年齡	退休金
39歲以下者	年收入×40
40～49歲者	年收入×30
50歲以上者	年收入×25

如何讓這個部位的金融工具選擇，至少達到對抗通貨膨脹的目標，是你今後必須關切的重點。

「懸權而動」〈軍爭篇〉

‖

權衡利害關係，然後見機行動。

套利，聰明以小錢賺大錢

這裡還要談談以小錢賺大錢的「套利」觀念，如果你對金融工具不熟悉，也不願意學習，那麼這一小節你可以跳過不看；但你也可以選擇看完它，或許會喚起你學習理財與投資的意識與（行）動力。

① 何謂套利？

什麼是套利？定義是，利用不同商品、期間、市場所產生的利率差距，透過金融交易，以較少的成本賺取差價；簡單地說，就是借低利息的錢去做投資，而投資獲利要比借錢的利息高。這定義聽起來很簡單、很吸引人，實際操作起來卻無法做到零風險，特別是期貨、外匯這類以一做十的交易，雖然能賺很多錢，卻也可能賠了夫人又折兵。我個人以小錢賺大錢的經驗，是在既定的風險下才做，意即如同〈軍爭篇〉所說的「懸權而動」、〈地形篇〉所提到的「夫地形者，兵之助也。料敵制勝，計險、遠近，上將之道也。」（見頁一二四）務必審慎評估風險與報酬之間的落差是否值得你冒險，若發生了最壞情況你能否承擔得起，並根據你個人的風險承受度去設定「停利與停損」目標，然後便是勇往直前。如果評估了風險後，發現超出自己所能掌握與承受的範圍，寧可不要套利，畢竟，貪念一直都是投資最大的災難。

什麼時候能出現套利的機會呢？像是二〇〇八年底，房貸年息降至1.65％，若你手上有兩百萬（台幣）現金，正猶豫

理財小典

停利／停損點設定參考

停利與停損點的設定，通常取決於個人對該項投資的想法，坦白說，並沒有最好的公式可提供，因為有些投資標的與投資區間，能獲利的條件僅有10%，如果設定為30%，那就是不可能完成的任務；而某些投資標的與投資區間，能獲利的條件卻有機會達100%，如果在15%便出場也很可惜。這裡提供一個較一般的標準，可參考如下：

◎停利點設在獲利30%出場時，停損就設在損失15%出場。

◎停利點設在獲利15%出場，停損就設在損失5%出場。

著該——拿去還房貸？放定存？還是做投資？這其實很容易評估。

如果你是個理財想法十分保守的「定存族」，在房貸利息創新低的時刻裡，再怎麼說也該把錢拿去還房貸。因爲，通常不會有人把右口袋的錢存在銀行定存，只賺0.8％的利息，卻從左口袋拿錢繼續付銀行1.65％的房貸年息，這等於自己倒貼0.85％給銀行。

② 套利實例A：利息3.3萬，一年內獲利60～200萬

但如果你跟我一樣，在危機中看到了機會，選擇進行投資，那麼來到二〇〇九年底（爲期一年），你做夢都會笑。當時，只要你投資的是優質股票或基金，回報率最差的都有30％以上，100％算是很正常的數字，這表示你只需支付銀行三點三萬的利息，就能將本金從兩百萬變成兩百六十萬，甚至是四百萬。相同的，如果這時候的你並沒有現金，但向銀行申請的「理財型房貸」已經還了好幾百萬的本金，那麼這筆金額就會變成你可隨時動用的「透支額度」，且隨借隨還。像是二〇〇八年底的透支年息爲2.8％，我評估當時投資獲利的機會遠大於風險，預期會有很大的獲利空間，於是便向銀行借出五百萬，全數做投資，一年後平均獲利30％～120％。也就是說，這一年我其實只支付了銀行十四萬的利息（只用了十四萬當本金之意），卻創造出好幾百萬

不等的獲利。

再另外分享兩次運用套利做短期投資的經驗。自二〇〇四年開始，我每個月都以定期定額方式參與「境外基金」，投資新興市場，並於二〇〇六年陸續看到驚人成長，因此決定從手上幾檔已投資了一段時間的基金，挑選出「中國」與「印度」做單筆基金投資，且設定在二〇〇七年下半年贖回，也就是，想運用很小的資金賺取很大的報酬。當時，我即是運用了〈火攻篇〉「行火必有因，煙火必素具。發火有時，起火有日」的概念，從各種主觀與客觀分析數據，看到這個很「火」的投資獲利機會，並評估風險確實在自己可掌握的範圍內，便運用銀行提供我可靈活運用的額度（來自理財型房貸的透

表11 套利帶來的驚人報酬率

2008年底～2009年底（為期1年）			
資金來源	投資優質股票或基金（回報率30%～100%）	獲利	成本（銀行房貸年息1.65%）
現金200萬	200萬×1.3＝260萬	60萬（200萬×30%）	3.3萬（200萬×1.65%）
	200萬×2＝400萬	200萬（200萬×100%）	
資金來源	投資優質股票或基金（回報率30%～120%）	獲利	本金（銀行透支年息2.8%）
理財型房貸透支額度500萬	500萬×1.3＝650萬	150萬（500萬×30%）	14萬（500萬×2.8%）
	500萬×2.2＝1,100萬	600萬（500萬×120%）	

支額度）做了這項投資。結果，我只支付了銀行八點四萬的利息（等於做這筆投資的本金），卻創造出一百二十萬的獲利。而就賠八點四萬與賺一百二十萬來看，風險相對報酬是小的；再說，我挑選的是已投資多年的標的，我有80％以上的把握看準它會往上成長，拿看準的機率80％與看錯的機率80％相較，風險相對報酬一樣是小的。

② 套利實例B：利息3％，九天內獲利24％

最近的一次，仍是受惠於金融海嘯。二〇〇八年十月底，我因身體因素在家休養一個月，雖然躺在床上，仍免不了想關心全球產經狀況，那一陣子各種媒體都充斥著負面新聞，全球股市驚驚叫。我觀察了台股幾天，決定做一個短期的台股投資，並同樣運用銀行提供給我的靈活額度，買進台積電的股票，支付不到3％的年息，在短短九天內獲利24％出場，這印證

「行火必有因，煙火必素具。
發火有時，起火有日。」〈火攻篇〉

＝

實施火攻必須具備條件，火攻器材必須平時即有準備。放火要看準天時，起火要選好日子。

「兵非益多也，惟無武進，足以並力、料敵、取人而已；夫惟無慮而易敵者，必擒於人。」〈行軍篇〉

＝

兵力並不在於越多越好，只要不輕敵冒進，能做到集中兵力、判明敵情、取得部下的信任和支援，也就足夠了；那種既無深謀遠慮而又自負輕敵的人，一定會被敵人俘虜。

了〈火攻篇〉所說的「以火佐攻者明」，「火」指的就是這樣的投資機會，「明」就是指非常迷人的獲益。投資，最好反其道而行，通常大家都很悲觀的時候，對我而言卻是最好的買點。

在房地產市場多頭的時候，許多對房市有研究的人，會運用很低的自備款做投資套利，但風險在於地點、時間、資金流動性，萬一套牢，對於變現不易的不動產，就要去計算能否出租（評估出租率的高低）？租金能否涵蓋房貸與稅金？變現性的掌握度低，是我進行套利投資時，較不傾向做房地產的原因，因爲它無法讓我很即時地執行停損，畢竟這些用來做套利的資金，並非我自己的閒置資金。〈行軍篇〉是這麼提醒我們的：「兵非益多也，惟無武進，足以並力、料敵、取人而已；夫惟無慮而易敵者，必擒於人。」所以，考量到借款利率的高低、資金來源非自己的閒置資金，我所投資的商品才會主要都是可隨時贖回／出場的類型。一般而言，理財型房貸與一般型房貸的利率有所落差，而這會影響投資的期限，相對的，在投資商品的選擇上就會有所不同。基本上，我並不常做套利，但機會來臨時，現金與勇氣將決定我能否掌握獲利的機會。

良性負債免驚！一邊還債，一邊創造資產

對於一個資深、且永遠把自己當做第一個客戶規畫金錢的財務顧問而言，除了生活緊急預備金，是不會有閒置資金放在銀行做存款的。我所有的已累積資金、每個月提撥在「儲蓄與投資」區塊的金額，都已歸在該被分配的部位上，但是手邊沒有閒置資金怎麼做套利？這告訴我們，學會跟銀行打交道，可是人生中很重要的一件事。

我從自己身上發現，家庭教育對一個人的影響遠高於學校教育。我們家有兩條金科玉律，一是不跟別人有金錢往來，二是不負債。從念書到剛踏入社會的那一小段日子，我過著入不敷出的生活，雖從未想過要降低欲望，但也不從曾想要借錢消費，腦袋裡只拚命想著「該如何增加收入」。最糟的時候，頂多跟媽媽或哥哥拿錢（我心裡覺得，不用還的錢不算借，自己合理化這件事）。而當我開始積極理財與學習投資

時，爸媽的家訓卻潛移默化地影響我在理財上的一些決策，那就是——不負債，即使是房貸這類型的良性負債也包括在內。

① 你申請的是「理財型房貸」嗎？

記得第一次買房子時，身上揹了幾百萬的房屋貸款，讓我感到非常不自在，所以買房子之後的那幾年，我的財務目標似乎只剩下「儘快把房貸還完」。當繳清了房屋貸款後，銀行理專告訴我可以先不要塗銷，把原來的一般型房貸改為理財型房貸，將之前的貸款額度設定為理財靈活運用額度，錢在帳戶裡隨時可以運用，借幾天便算幾天的利息，利率雖較一般型房貸高，但與銀行推出的其他出借現金方案或保單貸款相比，借款利率仍算低，於是我便做了這項安排。

結果，這筆可運用的資金一直被我存放

理財小典

如何跟銀行借錢（往來）？

跟銀行借錢的方式有兩種，一是有抵押品，二是信用貸款，只是利息不同。拿抵押品去借錢，房屋貸款可說是利息最便宜的，這是我比較建議的方式。我個人在銀行可靈活運用的額度有兩種，但我只使用理財型房貸的透支額度，個人信用的透支額度利息過高，我不會去使用它。

在銀行帳戶裡，經過了好多年，我都不曾動用。直到有一次參加一場「現金流遊戲」課程，我才親眼看見了自己的理財盲點之一——不願有任何負債，即便是良性負債。遊戲是這樣的，假設我手上有一筆錢，而眼前有一個很好的投資計畫與一筆負債等著我，我卻是毫不考慮地選擇拿錢去還負債，而不是去精算風險與報酬，並在可計算的風險裡，先去做投資，以創造更多的資金，然後才逐步還債。的確，這樣的理財慣性能讓我擁有一個很穩當的人生，可是距離自己的財富目標，卻感覺有些遙遠。

上完課當晚，我進行了反省與決定，一定要修正自己的財務盲點。接下來的幾年，我跟銀行的往來，除了儲蓄、投資基金、房屋貸款還款正常且快速之外，偶爾遇到好機會，也開始陸續運用銀行給我的額度進行投資，逐步累積了自己在銀行的無形資產——信用，這份無形資產在我買下第二間房子時，幫上了忙。因此，我想在爸媽爲我養成的理財教育中加上這樣的附註——不要跟個人有金錢往來，但要跟銀行有良好的借貸往來關係。

② 跟銀行保持良好借貸關係

全世界的有錢人都很重視自己跟銀行之間的關係，至於是否要運用銀行的資金做投資，他們早已在無數決策之間實踐了〈火攻篇〉這段話——「非利不動，非得不用，非危不戰。主不可以怒而興師，將不可以慍而致戰。合於利而動，不合於利而止。怒可以復喜，慍可以復悅；亡國不可以復存，死者不可以復生。」有錢人當然懂得善用銀行的放款額度，取得有利借貸條件，去做有限風險的投資，以創造更多資產。

像是這三年來，台灣有些投資房地產的大戶，在二〇〇七年台灣房市歷史高點時，出脫手上大部分的房地產，轉向投資中國大陸的房地產。而適逢全球金融海嘯對台灣經濟造成的衝擊，台灣的房貸利率降至歷史新低，中國大陸政府則反倒爲降溫房市交易熱度，採取升息作法，並降低外國人購屋貸款的成數，這中間就產生了很大的利差關係。怎麼說呢？假設大陸的放款利息是5％，台

「非利不動，非得不用，非危不戰。
主不可以怒而興師，將不可以慍而致戰。合於利而動，
不合於利而止。怒可以復喜，慍可以復悅；
亡國不可以復存，死者不可以復生。」〈火攻篇〉

＝

沒有好處不要行動，沒有取勝的把握不要用兵，不到危急關頭不要開戰。國君不可因一時的憤怒而發動戰爭，將帥不可因一時的怨憤而出陣求戰。符合國家利益才用兵，不符合國家利益就停止。憤怒還有機會重新變得歡喜，怨憤也能重新轉爲高興，但國家滅亡了就無法復存，人死了也不能再生。

灣才2%，當然是拿台灣的房子去借錢，然後買大陸的房子，則利息少付3%，但房價漲幅超過三倍，這就是套利投資的一種。對於有身價的人而言，拿台灣的房地產去銀行抵押借款，到中國大陸用現金買房子，賺取房地產的價差，這模式雖非一般人能夠運作，但的確是以小錢換大錢的又一絕佳實例。

理財QA

Q 可不可以舉例說明，該怎麼實際套用財務合理分配原則「3:3:3:1」、「無風險理財方程式」？

A 理財與投資，需要遵循的財務原則很簡單，只有兩種：

① 是以財務合理分配原則「3:3:3:1」分配每個月的薪水。

② 是以「無風險理財方程式」配置已累積的存款。以下就三個步驟說明——

Step1 以「3331」原則分配每月薪水

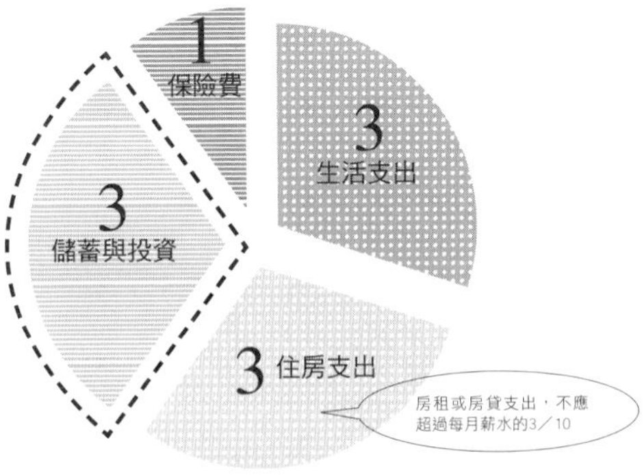

小梅今年35歲，每月薪水是NTD4萬，她總是根據財務合理分配原則「3：3：3：1」來配置她的薪水。意即，小梅每個月「生活支出」和「儲蓄與投資」預算皆為：NTD4萬×0.3(3／10)＝NTD1.2萬。

Step2 充實「儲蓄與投資」部位

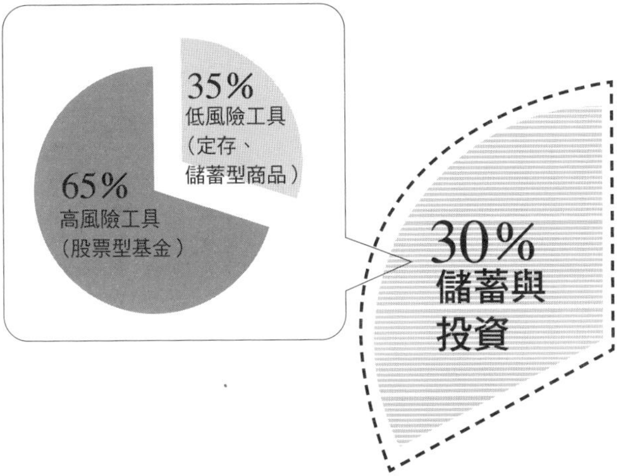

對於「儲蓄與投資」部位，建議根據「無風險理財方程式」分配，基本上，低風險部位的錢需等同於自己的年齡：

◎將4,200元（35%）放到低風險的工具（實質年利率達3%以上的定存、儲蓄保險、人壽保險等儲蓄型商品）。

◎將7,800元（65%）以每月定期定額方式，投資高風險的股票型基金。

Step3　配置：已累積的存款
準備：生活緊急預備金

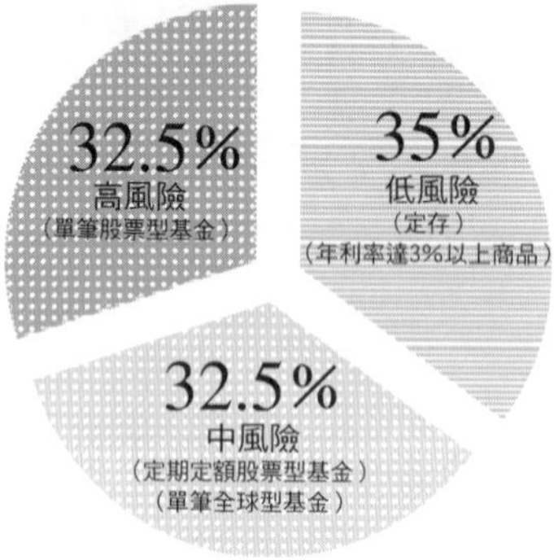

A.已累積的存款

無風險理財方程式
低風險％ ＝現在的年齡
中、高風險％＝（100－現在的年齡）÷ 2

理財與投資多年，小梅總是根據「無風險理財方程式」分配她在「儲蓄與投資」部位已累積的金錢，如今存款總算達到了NTD60萬。
目前，她將32.5％的錢拿來買中風險的商品（定期定額參與的股票型基金、單筆參與的全球型基金），並將另外32.5％的高風險部位資金，全部拿來買「單筆參與的積極型股票基金」。
至於她的低風險部位資金則為：NTD60萬×35％＝NTD21萬。

B.生活緊急預備金

當然，小梅也不忘在低風險部位預留3個月的生活緊急預備金：NTD1.2萬×3個月＝NTD3.6萬（若有住房支出者，也可一併計入預備金的準備。此外，也有人會預留6個月份的金額）。這筆錢只能放在銀行存款或銀行定存，是在緊急狀況下才能動用的資金，如此也才不會動用到放在中、高風險部位的錢，而使原定計畫受到變動，影響了財務目標。
這麼一來，小梅在低風險部位中尚有NTD21萬－NTD3.6萬＝NTD17.4萬，同樣的，在這低風險部位裡，她必須找尋實質年利率達3%以上的投資工具，長期鎖住資金，以享受複利的效益。

第5講

進階理財：變動中的金融環境，基金為王、股票放長

變化將帶來挑戰，也帶來機會，如果你無法具備變在變之先的洞見與智慧，至少在面對新觀念、新作法、新資訊時，要能敞開心胸，接受財富全球化的現實，做個無國界的投資人。

第5講 進階理財：變動中的金融環境，基金爲王、股票放長

【孫子兵法．虛實篇】

孫子曰：凡先處戰地而待敵者佚，後處戰地而趨戰者勞。故善戰者，致人而不致於人。能使敵人自至者，利之也；能使敵人不得至者，害之也。故敵佚能勞之，飽能饑之，安能動之。

出其所不趨，趨其所不意。行千里而不勞者，行于無人之地也；攻而必取者，攻其所不守也；守而必固者，守其所不攻也。**故善攻者，敵不知其所守；善守者，敵不知其所攻。**微乎微乎，至於無形；神乎神乎，至於無聲。故能為敵之司命。

進而不可禦者，衝其虛也；退而不可追者，速而不可及也。故我欲戰，敵雖高壘深溝，不得不與我戰者，攻其所必救也；我不欲戰，畫地而守之，敵不得與我戰者，乖其所之也。

故形人而我無形，則我專而敵分；我專為一，敵分為十，是以十攻其一也，則我眾而敵寡；能以眾擊寡者，則吾之所與戰者約矣。吾所與戰之地不可知，不可知，則敵所備者多；敵所備者多，則吾所與戰者寡矣。故備前則後寡，備後則前

寡；備左則右寡，備右則左寡；無所不備，則無所不寡。寡者，備人者也；眾者，使人備己者也。

故知戰之地，知戰之日，則可千里而會戰；不知戰地，不知戰日，則左不能救右，右不能救左，前不能救後，後不能救前，而況遠者數十里，近者數里乎？以吾度之，越人之兵雖多，亦奚益於勝敗哉？故曰：勝可為也。敵雖眾，可使無鬥。

故策之而知得失之計，**作之而知動靜之理，形之而知死生之地**，角之而知有餘不足之處。故形兵之極，至於無形；無形，則深間不能窺，智者不能謀。**因形而錯勝於眾，眾不能知；人皆知我所以勝之形，而莫知吾所以制勝之形**。故其戰勝不復，而應形於無窮。

夫兵形像水，水之形，避高而趨下；兵之形，避實而擊虛。水因地而制流，兵因敵而制勝。**故兵無常勢，水無常形；能因敵變化而取勝者，謂之神**。故五行無常勝，四時無常位，日有長短，月有死生。

【理財兵法】

〈虛實篇〉是《孫子兵法》中讓我感受最深的一篇，可能因為自己曾發生過嚴重的意外傷害，深刻認知到人生是多變的，所以我總認為每個人都必須養成、並保持平穩的心境，以面對環境中的各式變化，並從中累積新的經驗。一個柔軟與堅韌彈性並具的人，必能靈活地因應變化，然後調整策略與作法，再重新出發。

每一次處於困境時，我雖確定自己有一份克服困難、繼續往前走的意志力，但總習慣先靜默下來，思索自己的處境，抽絲剝繭前因後果，找到需要修正的地方，再掏出人生願景來提醒自己，這樣一來，便產生了面對與修正的力量，使我的每一步都更貼近自己想要的幸福人生。

這個世界上，如果沒有那麼多與你不同的人、沒有那麼多不如意的事物，就沒有這麼多讓你更認識自己的機會。一個人如果對自己的認識不夠深、不夠了解自己，就得不到珍貴的鑰匙，開啟有意識的幸福人生。正如同〈虛實篇〉告訴我們的，不認識自己的虛實，就很難真正理解別人的虛實；不能戰勝自己的人性，就很難真正理解人性。**這便是為什麼孫子說：「故善攻者，敵不知其所守；善守者，敵不知其所攻。」**一攻一守之間，充滿了敵我的角力，如果無法知己與知彼，戰場上非灰頭土臉不可。

理財與投資自然也是這樣，既要懂得積極進攻、讓財富增長，也要懂得謹慎防守、持盈保泰，這樣一來遇到任何衝擊，才可能立於不敗之地。

人的一生當然有許多目標，但努力耕耘自己的內在卻是無止盡的追求，如果你能一天天戰勝困擾自己已久的人性弱點，厚植對外應變的能力與彈性，並養成平穩而從容的心境，相信除了執行理財計畫這一方面，你還能擁有人生更多面向成長的喜悅。

「故善攻者，敵不知其所守；善守者，敵不知其所攻。」〈虛實篇〉

＝

善於進攻的，能使敵人不知該如何防守；
善於防禦的，能使敵人不知該怎麼進攻。

人生是充滿機會的，我的爸爸出身經濟條件貧乏之家，他苦讀苦學，認眞工作與投資理財，隨著台灣經濟起飛，生活也逐漸富裕起來，退休時他完成了自己的責任與財務目標，開始享受人生的下半場。現年70多歲的他，除了管理健康，也不忘妥善管理自己的退休金，以對抗通貨膨脹；面對現今的台灣政治、經濟狀況，他也盡可能做規畫，降低台幣資產減損的隱憂，以免增加我們這些孩子的負擔。我們家三兄妹，則從年幼開始享受上一代辛勤努力的成果，過著較爲富裕的生活，剛踏入社會時，還參與了台灣經濟榮景的末期，之後台灣經濟便一路往下走。現在的我們，正值青壯年期，卻處在競爭無國界且變化快速的大環境下，這個時代裡，幾乎人人都面臨著工作、家庭生活、房貸、孩子教育、退休養老等層層經濟與精神壓力。

記得我剛步入社會時，台灣仍處於一片經濟榮景，台灣的「錢」是多到淹腳目的，然後眼看著一九九〇年，股市從歷史最高點12682一路下滑至今，短短二十年演變到現在台灣的「債」多到淹腳目，我心中感觸很深。如果台灣的政治生態無法提升到政黨的「存在」是爲了達到更高的國家利益，讓全民共存共榮，就無法眞正產生改變的力量，共同面對現在的經濟困境。因此，我們每個人只好在財務規畫上做好風險管理的準備，支應今後可能面臨的種種衝擊。

我哥哥經常感嘆自己步入社會不逢時，沒能跟上台灣經濟起飛的那段美好時光，這使他深覺就算再努力學習投資理財的十八般武藝，也無法對抗台灣經濟環境惡化的困境。但我常跟他說，其實應該感謝自己生逢其時，家中的經濟能力改善，我們得以接受更高的教育，因而具備更好的條件、更多的機會，並享受因文明進展、科技日新月異帶來的生活便利，我們於是輕鬆擁有比上一代更開闊的視野。每個人只要願意跨出台灣，就能看到全世界。

金融環境瞬息萬變，個人也要懂得應變

星爺周星馳有一句話令我印象深刻：「變在變之先。天下武功，無堅不破；唯『變』不破。」這句話道盡了世上唯一不變的眞理，那就是，世界每天都在改變。要永遠立於不敗之地，關鍵因素只有求「變」。回教先知穆罕默德說，山不過來，我們就過去吧！除了求生存，想要脫穎而出，擠進M型社會富裕的那一端，你必須具備很大的彈性去適應變化，正面迎接壓力。變化將帶來挑戰，同時也帶來機會，如果你無法具備變在變之先的洞見與智慧，至少在面對新觀念、新作法、新資訊時，要能敞開心胸，跟上國際化腳步，接受財富全球化的現實，做個無國界的投資人。

當一個人在言談中老是出現「想當年，我……」的話題，就代表他已面對瓶頸一段時間了，卻沒有勇氣改變，一直在變與不變之間游移，最終還是被環境變化給淹沒了。在台灣經濟起飛的過程中，製造業扮演相當重要的角色，但隨著國民的經濟條件改變，生活逐漸富裕起來，勞工成本相對大幅提升，這個變化逼迫很多產業外移，尋求勞力密集、工資成本低廉、可降低製造成本的持續競爭生存條件，但也有人堅持自己原本的成功模式，抗拒環境變化，不做任何轉型，最後只能被市場淘汰。

企業如此，個人又何嘗不是？我有一個同學，在進入社會工作的初期，就在外商公司有很好的表現，很得上司賞識，工作上的成就感與薪資所得在同學之間是佼佼者，際遇令人稱羨。後來，她放棄工作，到英國求學兩年，之後帶著留學歸國的光環重新進入職場，在銀行擔任市場行銷企畫工作，但隨著金融業的生態改變，競爭加劇，銀行內無論是業務或行政後勤單位，每個人或多或少都要背負業績責任額，推銷信用卡、基金、保險等商品，薪資制度也調整爲基礎底薪加上績效獎金。表面上，她爲了求生存而配合作業，內在卻強烈抗拒這樣的安排，後來她選擇離開，想轉換一個符合自己過去認知的工作環境，無奈大環境已經完全改變了。至今多年，她仍在家裡等待一個夢想，越來越走不出去，一點一滴形成的挫折，與內在對金錢的恐懼眞的擊垮她了，她患了憂鬱症。

我身邊的確有少數的個人與企業朋友，不想調整自己去適應這幾年職場與國內經濟環境的快速變化，他們選擇退休與結束事業，調整原本忙碌工作的生活步調為悠閒過生活，踩著老神在在的步伐度日。他們何以能如此？這是因為他們早已躋身高資產族群的行列。這些族群自然是高瞻遠矚的，過去，他們必定延後了享受棉花糖的時間，很早便開始起跑，做一些別人還沒開始做的事，像是積極賺錢、學習理財投資、長期持續進行財務計畫，並定時檢視、適時修正。

此刻的他們之所以享有自由選擇的權利，根植於過去架構了很健康的財務計畫，他們很早即懂得正確理財的知識，創造出一定規模的財富，並運用這個財務基礎進行投資，賺取能支應生活方式的收益。是的，好的財務狀況，必定來自好的觀念與管理模式，這些努力累積的點滴，都是別人、環境沒辦法拿走的，一輩子受用無窮。凡走過必留下痕跡，立刻開始行動，為自己的人生爭取自由選擇的權利吧。

股市年輪理論與人性的運用

的確，要改變舊有的慣性思維，擬定前所未有的財務計畫，並擇定合適的理財工具，還眞不是件容易的事。以進行海外共同基金投資爲例，投資人首先要面對的便是自己的心理困境，像是「看得到才安全」這類認知，沒聽過、沒看過海外的金融機構，便認爲海外投資不安全……。

其實，從改變原有（錯誤）認知到眞正做改變，所需要做的不過是下決定罷了。一項投資能否成，關鍵往往在於——你能不能很快做決定，而決定的速度則取決於你所累積的相關知識與經驗是否足夠。身處現今這個網路時代，要取得產經資訊是非常容易的，與其道聽塗說，不如眞正自己下功夫去了解國際金融環境。人生是一個不斷累積的過程，爲因應經濟環境的快速變化，務必要厚植理財與投資的實

表12 **股市年輪理論**

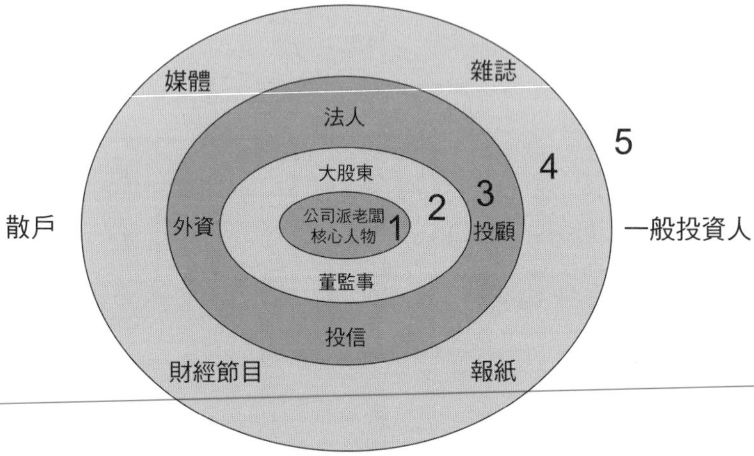

力，一旦危機來臨，才不至於直接滅頂。

股市裡有所謂的「年輪理論」，由內往外共可分爲五個圈，主要在說明投資股市時，資訊獲取不對稱的情況，這告訴我們，一般投資人（散戶）是很難從中獲利的，特別是不自己做功課，而喜歡聽小道消息、仰賴媒體報導做投資決策的散戶，十次至少有九次是輸家。要知道，眞正有參考價值的訊息，往往只有內圈的高層人士知道，越往外圈訊息越經演繹與調味，尤其是第三圈的法人、外資、投顧、投信所釋放出的訊息往往値得玩味，不可不察它們背後的可能動機。

記得有一天，上班時接到我先生的電話，他要我評估，能否大量買進某一檔股票，因爲他剛從在某投顧公司工作、協助大戶操盤的老朋友那裡得知，這一檔股票現在每股十二元上下，大股東會做多達二十元以上，這中間至少有60％的獲利空間，他並交代我，消息不可外傳。正巧我認識這家上市公司的董事長，於是撥電話求證，才知道是大股東們需要資金，想賣出一些持股，希望賣到好一點的價格。諸如此內線消息，若非公司派核心人物，是不可能得知的，更何況是位於股市最外圍的一般投資人？

〈虛實篇〉有個觀點：「故善戰者，致人而不致於人。能使敵人自至者，利之也；能使敵人不得至者，害之也。」而在投資心理方面，每個人當然都想低價買進、

「故善戰者，致人而不致於人。能使敵人自至者，利之也；能使敵人不得至者，害之也。」〈虛實篇〉

＝

善於指揮作戰的人，往往能夠調動敵人而不是被敵人所調動。以小利引誘，就能使敵人自動進到我方預定地域；若不想讓敵人抵達他們的預定地域，則必須設置重重困難，加以阻撓才行。

高價賣出股票，卻沒有人可以知道哪個價位是最低點與最高點。基本人性是「往下買」比「往上追」容易做決定，問題是，什麼時候開始往下買，才不會買到讓人手軟的高點？我多年來的觀察結果是，散戶常常是股價上升時捨不得賣，總認爲股價還會再往上爬；往往要來到反轉倒賠至無法忍受的地步時，才會出脫持股；而跌到慘不忍睹後，又沒有勇氣買回持股、或追加持股。大家總是「跌五成停損，漲兩成停利」，這樣如何能從股市賺錢？如果你習慣短線操作，對投資股票抱持的態度是區間獲利，並非以購買資產、長期持有的角度進行投資，且未設定一個合理的停利與停損比例，最終，你是無法賺到錢的，因爲你總是位在股市年輪的最外圈，是被操作的散戶之一。而公司派、老闆等核心人物，若是深諳人性心理學，且精通〈虛實篇〉，要想成功操作股價，絕對是可以的。

〈虛實篇〉裡還有一段話，貼切說明運用人性就能出奇制勝：「作之而知動靜之理，形之而知死生之地，……因形而錯勝於眾，眾不能知；人皆知我所以勝之形，而莫知吾所以制勝之形。」在二〇〇八年全球金融海嘯的過程中，我看到很多人因市場蕭條而憂愁苦惱，如果股市漲跌會左右你的生活，請慎重考慮是否要做投資，因為股市的變化能輕易地駕馭你，使你做出錯誤的決定。畢竟，不是每個人都能靈活地調整心態，並控制好內在的情緒反應。巴菲特曾說：「恐懼，是追求風潮者的敵人，卻是基本分析的朋友。」最好的投資時機，往往是大眾對總體經濟事件的憂慮達到巔峰時，我自己也從這一波金融海嘯再次驗證這句話。

二〇〇八年底，若你把手邊的現金（低風險

「作之而知動靜之理，形之而知死生之地，……
因形而錯勝於眾，眾不能知；人皆知我所以勝之形，
而莫知吾所以制勝之形。」〈虛實篇〉

＝

要透過挑動敵人，了解敵人的活動規律；要透過佯動示形，試探敵人生死命脈之所在，……必須根據敵情變化而靈活運用戰術，而且要達到即便把勝利擺在眾人面前，眾人仍看不出其中奧妙的境界。人們只能知道我軍用來戰勝敵人的方法，卻無從知道我軍是如何運用這些方法出奇制勝的。

部位）轉換爲持股，買進一些績優股，來到二〇〇九年十月，總報酬至少超過五成以上。從眾與跟隨，絕非通往成功的正確作法，無怪乎，只要懂得人性就能掌握市場。

從歷史學經驗：鬱金香球莖炒作狂潮

每個人都能憑空編造出一個富麗堂皇的空中樓閣，在這片充滿遠景的熱情與激情風潮之下，一傳十、十傳百，獲得了別人的迴響，家人、親友、鄰居、同事……當越來越多人相信時，整體氣氛就會樂觀地快速擴散成一道強大的威力，演變成每個人的信念之所繫；如此一來，起頭的人便可主導市場，換取超額的報酬，只是最後這名英雄將贏得天下或變成一文不名，就要看他投機與貪婪的程度爲何，或是憑他個人的福報吧。

二〇〇九年台灣股市的表現令人驚豔，從二〇〇八年十一月的3955點，來到二〇〇九年十月的7811點，短短不到一年，台股指數反彈將近一倍。那時許多散戶投資人因錯失了自谷底反彈的那一波大漲幅，擔心自己再度錯失台股上萬點的機會，於是開始蠢蠢欲動……。這再次證明了人性是健忘的，爲什麼歷史上「類似次級房貸風暴，引發全球金融海嘯」的案例會不斷發生，答案只有一個——人性從不曾改變過。

不知大家是否還記得一九九〇年代網路股狂飆的景象。那時，Netscape（網景）的股價在上市第一個交易日，便從每股二十八美元漲到五十八美元，一飛沖天。還有，同期剛上市幾週的網際網路入口網站企業tom.com，股票申購登記截止日當天，數以萬計的投資人湧入承銷銀行搶購，申購表格甚至不敷使用，最後還動用警力才控制住騷動場面。當時，每個投資人都認爲新股上市必定有很大的行情，從第一個交易日就會開始飆漲，而且果眞信心與資金推升了行情，達到超越預期的表現。這些網路公司創造的「夢」，是未來不確性的高獲利機會，所以才會有分析師以「本夢比」來解釋新成立的、經營狀態仍處虧損、或現金流量不足的網路公司，卻能創造高股價的現象。

在金融歷史上有一段非常有名的荷蘭「鬱金香熱」時期。最初，鬱金香交易大多是以「打」（十二株）計算，價格合理，大筆交易也僅存於花農之間。但自一六三四年起，有投機客看上了鬱金香球莖，於是從人性的貪婪面下手，特別改以盎司秤重買賣鬱金香球莖，而且在正式拍賣時都要先上金秤秤重，再由競標者出價，以示鬱金香球莖的珍貴。這逐漸造成一種風潮，並開始不斷蔓延，交易量甚至大到有人將村裡的旅館改建成業務繁忙的交易廳；在很短時間內，鬱金香買賣演變成荷蘭的全民運動。當時，無論是富有的商人、貴族，各行各業的勞力階級如工匠、船夫、農人、煤礦工、男僕、女侍、拾荒人，幾乎人人都沉浸於鬱金香熱，而使交易行情不斷飆漲，有越來越多買家參與，因爲每個人都想迅速致富，都想不勞而獲，而參與這項投資似乎是最快速的方法。

於是，鬱金香不再只是花圃裡的某一種花，而是一個被投機炒作的標的，甚至連法律界人士也介入，很快地研擬相關交易規則與法律，市場也出現了評鑑鬱金香的專家，專爲鬱金香交易做公證，他們的業務繁忙且應接不暇。這股熱潮還吸引了大批鄰近國家來掏金，於是出現了所謂的鬱金香行情表，顯示某些品種是最佳投資標的。投資程度之瘋狂，有些手腕厲害的生意人，甚至可以兩千五百古爾盾的驚人價格成交一株鬱金香，當時這筆金額共可買進兩車小麥、四車乾草、四隻牛、兩隻豬、十二隻羊、四桶啤酒、二桶奶油、一千磅起司、一張床、一件外套，加上一只銀杯。

整個荷蘭完全陷入瘋狂，並且到了失控的地步，影響到其他正規生意的運作，大家都想轉行，這誘使很多人舉債投入，就連最底層的窮人也共同集資，只爲了買進一顆鬱金香球莖。氣氛之樂觀，使大家都懷抱信念與希望，相信鬱金香能爲他們帶來財富，並改善生活。但卻沒人懷疑鬱金香球莖除了觀賞，還能拿來做什麼？如果沒有人願意一直支付兩千、甚至三千古爾盾買自己手上的鬱金香球莖，那該怎麼辦？後來開始有商人賣出球莖以換取現金，當其中有人賣的價格低於期望，市場便開始散布訊息，於是市場需求降低了，同樣的，一傳十、十傳百，越來越多人恐慌賣出，造成鬱金香的供給大增，但球莖價格卻一直下跌，交易廳擠滿了焦躁不安的群眾，只是心情大不相同。最後，像骨牌效應那樣，鬱金香球莖致富的夢想瞬間崩潰。

投機事業非常特別，能不能成功在於人們對它有多少想像，投機客又創造了多少希望與夢想，讓標的物的價值與它實際的價值相差甚遠。只要還沒有人懷疑，並且還沒用行動打破這個夢想，它的價格就會被推升至無法想像的空間。同樣的，只要一有風吹草動，它的價格也會像黃粱一夢瞬間崩潰。荷蘭鬱金香熱的案例之所以使我記憶深刻，原因是我很難想像一株鬱金香，竟能被炒作到影響一個國家的經濟，足見標的物是什麼，對投機事業而言一點也不重要。另外，我還得出一個收穫，一般散戶投資人若想在投機狂潮中跟進，眞正能獲利的時機，只有過程的中段是最安全的獲利區間，這該怎麼判斷呢？多到外面走走，聽聽市場的聲音，做出與市場聲音相反的決策就對了。

聰明投資術3招，照著做賺財富

如果你的終極財務目標並不是成爲鉅富，那麼的確有一些簡單的投資原則可以遵循，協助你完成人生不同階段的財務目標。

① 定期定額最簡單

判斷市場走勢對一般人而言是困難的，因爲市場永遠會有不同的看法讓你左右爲難，而且自古至今，也沒有人能眞正準確預測現在的市場走向。定期定額投資海外股票型基金，無論是在多頭市場或空頭市場參與，經過一段時間，你的投資都可產生相當的報酬。

至於該選擇何種金融商品做定期定額投資，可視金額決定工具。金額小者，像是每個月提撥投資金額低於六萬的人，建議可選擇幾檔股票型基金（若是已經退休的人，則可將整筆資金以月份規畫，定期定額做投資）。金額大者，像是每個月可提撥六萬以上投資金額的人，可選擇一檔績優股票、或幾檔股票型基金。但就經驗來看，選擇基金較易執行定期定額，因爲可以運用銀行的自動化約定扣款，規範自己的執行力與紀律，而且到目前爲止，我還沒聽過有人能不管股價的波動，做到每個月在固定日期進場去買一檔股票。如果你做得到，你一定不是普通人。

表13 定時定額多頭市場

■(以每次投資1,000元為例)
分10次進場

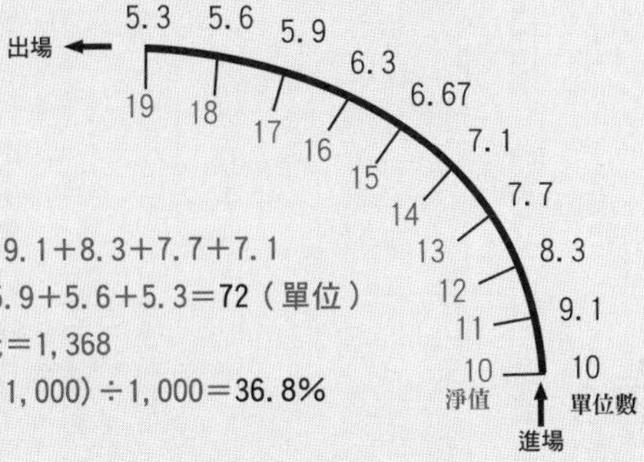

總單位數：10＋9.1＋8.3＋7.7＋7.1＋6.67＋6.3＋5.9＋5.6＋5.3＝72（單位）

賣出：72×19元＝1,368

獲利：(1,368－1,000)÷1,000＝36.8%

表14 定時定額空頭市場

■(以每次投資1,000元為例)
分10次進場

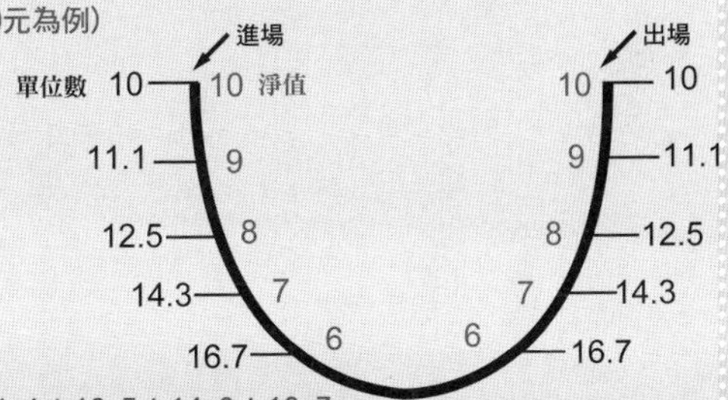

總單位數：10＋11.1＋12.5＋14.3＋16.7＋14.3＋12.5＋11.1＋10＝129.2（單位）

賣出：129.2×10元＝1,290元

獲利：(1,290元－1,000元)÷1,000＝29.2%

② 長期投資最關鍵

走筆至此，你會發現我一直強調「長期執行財務計畫」的重要性。究竟長期投資的價值何在，我們可參考美國賓州華頓學院西格爾教授（Jeremy J. Siegal）所做的一份研究報告，這份報告是以過去近兩百年的美國金融市場發展爲研究對象，非常具參考價值。西格爾教授的分析如下──

◎如果在一八〇二年以一萬美元投資「股票」，到了一九九七年，這一萬美元會變成五十五億八千九百四十五萬美元。

◎如果以同樣的金額與同樣的時間條件投資「債券」，則會變成八百零三萬美元。

◎如果以同樣的金額與同樣的時間條件投資「美國國庫券」，則是會變成兩百七十五萬美元。

◎如果以同樣的金額與同樣的時間條件投資「黃金」，那麼你將白忙一場，毫無所得。（但我想告訴大家，事實上，黃金很適合避險，特殊區間一定會有高獲利。）

◎如果你不願意投資，認爲「現金」放在身邊最好，到最後你的購買力會趨近於零，通貨膨脹將把你的現金一口一口慢慢吃掉。

從這個研究報告看來，股票投資將隨著時間複利的累積換取驚人的報酬，那爲何大部分的股市投資人都賺不到錢呢？主要原因是台股的總市值很小，甚至比國外一些規模非常大的法人機構市值還小，我們是屬於淺碟市場（淺的碟子裡裝水，稍稍晃動一下，水就會濺出來），有資金的人就可以操控台股，使台股波動變大，而使投資難度變高。再加上，台灣大部分的股民都習慣跟著市場的變動、媒體的訊息殺進殺出，這麼一來更是很難賺到錢。

但即使是投資台股，若把握長期投資的原則，一樣能賺到驚人報酬。在我爸爸那一輩，台灣正處於經濟起飛的年代，那時同樣能找出值得長期投資的個股，而且隨時間複利的效

表15 **長期投資的價值比較**

從1802年至1997年投資1萬美元實質報酬走勢圖

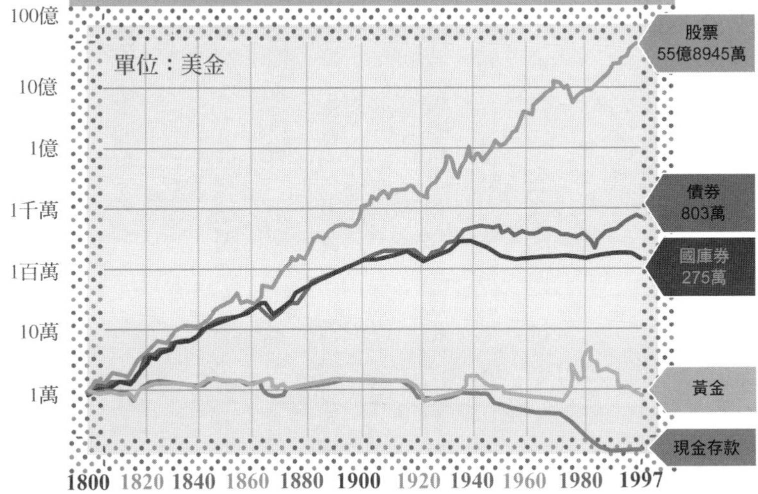

果，產生倍數超額的報酬。我曾跟爸爸聊到，如果27歲那年進入塑化業工作的他，每個月不管台塑的股價是多少，他都在薪資發放當天進場買一張台塑股票，直到65歲退休，如今，他的嘴角應該會輕鬆上揚，告訴我們致富就是這麼簡單。

③ 資產配置最重要

年輕人的最大優勢就是「時間」與「欠缺經驗值」，這兩項因素會讓你對未來充滿無限的想像力與創造力，較能接受在投資理財上追求冒險。不過，隨著年齡增長，經驗值增加，一邊投資一邊學習的你，必懂得從中修正作法。事實上，對投資報酬率產生貢獻的因素有四——資產配置、標的物、時機、其他。從表十六可以發現，一般人在進行投資決策時，最重視的是進場時機、標的物的選擇，可是這兩項因素對整體資產報酬率的貢獻卻僅占6%，在市場呈多頭走勢時，這個統計數據固然受到投資人質疑，但二〇〇八年的全球金融海嘯則告訴我們：真正遵守資產配置原則的人，才能得到最甜美的報酬果實。

財富全球化，境外投資非難事

面對外在變動中的大環境，我們當然需具備應變彈性，理論上，個人的彈性應該要比企業大，但事實卻不然。這個疑問埋在我心底多年，直到這幾年開始經營自己的事業，才找到答案。原來，經營一個企業能否賺錢或只是燒錢，這份壓力會使個人因應環境而快速做出改變，足見適當壓力能開發出個人的更多潛在能力，成就更遠大的目標。

二○○六年某一期《遠見雜誌》的封面設計，主題是向世界「錢」進，令我印象非常深刻。只見一艘在海上航行的船，每片風帆都印著世界各國的貨幣，有美元、歐元、人民幣、紐幣、澳幣……我個人非常欣賞這個設計所傳遞的意象。這艘代表一家企業或個人財務的大船，在航向目的地的過程中，大海有時風平浪靜，有時波濤洶湧，企業或個人若能乘風破浪、勇往直前，最終到達目的地，必定是因爲他們做好了風險管理、資產配置，以及全球布局。

回想二○○六年，很多媒體報導都告訴我們，

表16 **貢獻投資報酬率的4項因素**

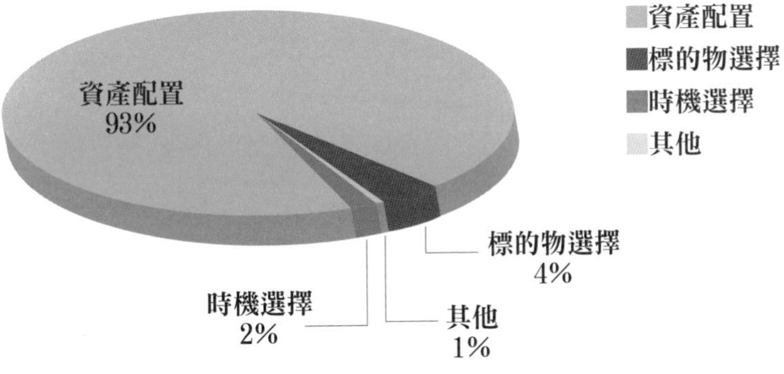

一定要走出台灣的經濟困境，到全世界去賺錢。當時，台灣的經濟狀況是消費者物價指數上升、股市低迷、台幣貶值、台幣一年期定存存款利率在1.85%～1.95%、薪資負成長，將資金停留在台幣定存、台股的人，投資報酬率相較於外幣定存、海外投資，可說是慘不忍睹。因此，在媒體訊息的拯救下，國內銀行在代銷海外基金的業績上，締造了驚人的成長數字。

但到了二〇〇八年，面對全球金融海嘯的衝擊，海外的投資銀行被整併、銀行倒閉，或是金融機構財務赤字嚴重，必須接受政府紓困，使台灣的投資人心生驚恐，趕緊處理好境外投資，把錢匯回台灣，放在公股銀行或郵局做定存。然而，二〇〇九年初直至接近年底，不僅大陸股市表現得特別出色，台股表現也絲毫不遜色。還記得二〇〇九年十一月嗎，台股在7500點上上下下，許多先前膽怯的散戶這才準備把錢從銀行搬出來，投入股市。買高追高，這樣的想法與作法眞的是不明智。金融歷史故事總是述說著類似的情節，我心裡納悶，透過教育，會有那麼一天能改寫股市投資心理學嗎？

到底該怎麼投資才能賺錢？到底該怎麼理財，才能在財富永保安康的前提下，達成資產增値的目的？這兩個問題的答案沒有別的——一切還是要回歸資產配置的重要性。一般人之所以無所適從，是因爲一開始就沒扎下正確的理財觀念和財務知識，才會在有起有落的經濟循環中，把「資產」或「金錢」架構在「樂觀」或「悲觀」的情緒底下，毫無理性基礎地搬來搬去。

處在一個世界是平的年代，每個人除了必須提升自己的工作專業、語言能力、財

理財小典

基金怎麼選？

基金可依註冊地分為三種：國內基金、海外基金、境外基金。國內基金是指針對國人募集資金，投資標的在國內市場的基金；海外基金同樣是針對國人募集資金，但投資標的在海外市場的基金；至於境外基金，則通常由歐美的基金公司發行，向世界各地投資人銷售，投資標的則是任何指定的市場，註冊地在境外金融中心，像是各免稅天堂如開曼群島、盧森堡、澤西島、都柏林等等，如此一來便可解決高資產投資人需面臨的跨國稅賦問題。

但從操作方式來看，國內基金和另兩種基金並不大一樣，它們三者固然都會有一位基金經理人，但國內基金操盤的主控權都在基金經理人手上，而海外與境外基金的操作卻較重視團隊合作，以客觀數據分析，然後跟隨大盤的權重，這樣一來基金經理人的決價較能避開個人的盲點。反觀國內基金，基金經理人大權一把抓有兩種隱憂，一是基金經理人如果操盤業績好，很容易被挖角，投資人的權益就會受影響，而使得買國內基金時，常需注意基金經理人動向，讓人多了一份擔心。二是國人經常以買股票的心態來買國內基金，很習慣短線進出，基金持有時間往往不到一年便把資金抽走，再加上國內發行的基金規模本來就小，這樣一來基金經理人操作上就更難了。這便是為什麼，我們一般都建議購買海外或境外基金的緣故。

務知識，以及具備更廣闊的國際視野與觀點，還必須努力養成穩定的內在、開放的胸襟與態度，讓自己遇事應變的彈性超人一等，從容寬心面對「世界每天都在變」這個無可取代的事實。

磨練自己成爲一個心態開放的人吧，對目標要執著，但方法要因時、因地、因人而調整，過去成功的模式也許是現在跨越瓶頸的最大障礙。我很慶幸第一份工作是進入一家跨國運作的企業，老闆們都很積極開放，屬於美式管理作風，公司在美國有發貨倉庫與展示空間（showroom），出口貿易業務的運作中心設在台北，製造工廠原本只在台灣設廠，後來爲了提升競爭優勢，考量工資、稅務優惠等製造成本，才陸續在大陸、菲律賓設廠，同時爲了拓展美國以外的市場，在英國、日本、澳洲、中東都有合作的代理商。

後來在短短十年內，企業以十倍速驚人成長，爲了妥善管理跨國企業資產，並且合理爲企業與股東們節稅，老闆們很開放地請來當地國專業的銀行家、會計師、財務顧問共同協助，互相教學相長，以最短時間吸取最寶貴的實務經驗，架構出最適合企業與個人資產管理的最佳模式。我從幾位老闆身上學到的國際性觀念、跨國運作企業與個人資產的實務作法，對我後來的人生與工作經驗助益很大。是眞的，這世界充滿了挑戰與機會，不要去忽視機會，危機永遠是一個新契機的訊號，每一次跨越都是更大一步的成長。

十幾年來，我非常認眞地學習如何創造資產、保有資產，也確實爲自己累積了一些財務基礎，再加上因世界財富板塊移動，網際網路縮短了人與人、國與國之間的距離，全世界變成一個地球村，改寫了很多人的生活運作模式。歐美有很多金融機構開始關注新興市場的發展性，紛紛運用各種管道建立不同的銷售合作系統，並降低境外投資門檻，境外投資再也不是金字塔頂端極少數高資產族群的專屬特權，從此中產階級也有機會參與。此外，由於這幾年台灣的政經發展治絲益棼，我個人於是在已累積資產的配置上，逐步做了非常大幅的調整，我將很大比重的資產分散在境外做投資。

我如何配置自己的資產

財富全球化，確實對我自己的資產增值產生很正面的報酬，在規畫步驟上，我考慮的順序如下——

① 長期財務目標（十~二十年）

我首先考量的是，把長期退休計畫移轉到境外，以美國國際保單中的「萬能壽險」、「變額年金計畫」做規畫，讓自己在準備退休金的過程，除了所選擇的商品至少達到年報酬3%以上的目標，同時還滿足了高額壽險保障的需求。

②中期財務目標（五～十年）

至於中期財務計畫，我則以「境外基金」與「外匯」為兩大主軸，並主要透過歐洲、新加坡、香港、大陸的大型金融集團做投資，投資標的以中國、香港H股、新興市場、能源為主，外加小比例的避險基金。

③短期財務目標（五年以內）

我的短期財務規畫，則全為台幣資產，除了醫療保險帳戶、生活緊急預備金存款，主要是台股。

看了我的資產配置，你會發現，過去這幾年來我的資產配置重心都放在國外。本來我在國內一直找不到可滿足低風險部位的標的物（也就是實質收益至少要達年利率3%），但在財富全球化的趨勢下，使我可選擇的

「兵無常勢，水無常形：
能因敵變化而取勝者，謂之神。」〈虛實篇〉

＝

用兵打仗沒有固定刻板的態勢，正如水的流動並非一成不變那樣。能夠根據敵情變化而靈活機動取勝的，可說是用兵如神。

金融商品範圍廣及全球，在台灣找不到商品的困難，讓我在美國找到了，難題瞬間解決，理財工程變得更簡化了。

誠如〈虛實篇〉所言，「兵無常勢，水無常形；能因敵變化而取勝者，謂之神。」沒有什麼事情是永遠不變的，重點在於要懂得靈活以對。我們固然必須長期而持續地執行財務計畫，不能心浮氣躁、太過短視，但仍應隨時留心國際與國內的產經環境變化，以及全球財富板塊移動的方向，適時爲整體資產配置進行調整。

理財QA

Q 究竟要如何善用、配置每個月存下的錢，才能快速累積人生的第一個一百萬？

A 很簡單，每一塊錢都要花在刀口上，同樣依照財務合理分配原則「3:3:3:1」分配每月薪水。沒有居住支出（房租或房貸）的人，每個月至少要存下6／10做「儲蓄與投資」。

這裡以現年30歲、單身，平均月薪四萬台幣（年終獎金已計入）的小金爲例，幸運的是，他與父母同住，而且不需負擔家計。

Step1　以「3331」原則分配每月薪水

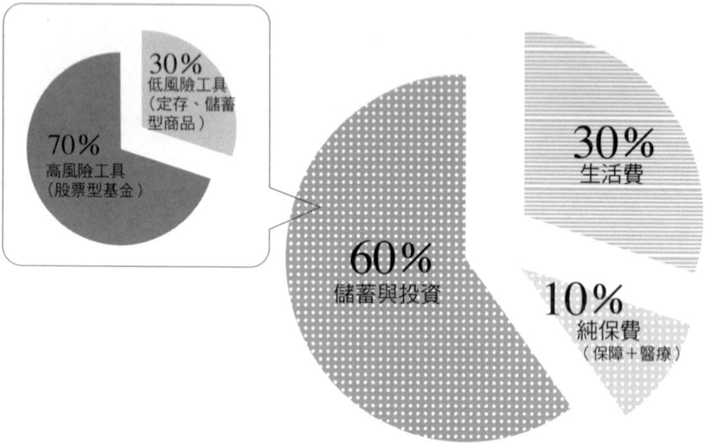

依照財務合理分配原則「3：3：3：1」，小金每月可支出的生活費是NTD12,000（30%）、儲蓄與投資是NTD24,000（60%）、純保費（保障＋醫療）是NTD4,000（10%）。「儲蓄與投資」部位依「無風險理財方程式」做分配，將等同於他現在年齡的金額比重NTD7,200（30%）放到低風險的工具（保證年收益3%以上的定存、固定收益型商品、萬能壽險），將NTD16,800（70%）以每月定期定額方式，投資高風險的股票型基金。

小金想在33歲前快速累積人生第一桶金（1百萬），他必須在往後3年內，認真實施上述財務分配原則，並積極增加收入（以每年所得成長幅度15%預估），將這些增長的收入全數放進「儲蓄與投資」部位，增加定期定額基金投資的比重。直到人生第一桶金目標完成後，再重新設回財務合理分配原則「3：3：3：1」做計算，如此一來生活費增加了，也能逐步提升與豐富自己的生活品質，繼而不斷啟動積極理財的動能。

Step2　3年完成1百萬存款，資金分配與投資組合建議

<table>
<tr><th>儲蓄與投資部位</th><th>投資組合建議</th><th>30歲
NTD 4萬／月薪</th><th>31歲
NTD 4.6萬／月薪</th><th>32歲
NTD 5.29萬／月薪</th></tr>
<tr><td>低風險工具
占30%比重

[目標]
提撥金額，執行退休長期計畫</td><td>規畫美國萬能壽險，保證3%的優利存款最低利率，同時擁有約NTD320萬的壽險保障</td><td>NTD7,200／月</td><td></td><td>現金價值累積約NTD170,000</td></tr>
<tr><td rowspan="3">中高風險工具
占70%比重

◎每月定期定額分批買進高風險股票型基金

◎每年調薪額度、積極開源的收入，也全數加碼投入每月的定期定額基金。

[目標]
因應人生不同階段的短、中期需求</td><td rowspan="3">規畫每月定期定額基金，追求平均報酬10%的年增長率</td><td colspan="3">隨收入成長，加碼每月定期定額基金投資</td></tr>
<tr><td>NTD16,800／月</td><td>NTD22,800／月
(NTD16,800+6,000)</td><td>NTD29,700／月
(NTD16,800+6,000+6,900)</td></tr>
<tr><td></td><td></td><td>總投資帳戶價值累算預估金額
NTD734,025+166,320+91,080
=NTD991,425</td></tr>
<tr><td>投資組合現價總和估算</td><td></td><td></td><td></td><td>NTD1,161,425
（NTD170,000+991,425）</td></tr>
</table>

分析：

花3年達到1百萬的目標是很有成就感的，其實最大的成就不在於那1百萬，而是你如果也可以像案例中的主人翁這樣，連續3年很有自制力地完成一個計畫，這意味你已培養出成功人士身上必備的某種特質，代表你很有潛力在退休之後擠進那道窄門，躋身10%經濟獨立且富裕的族群。

第6講

財務計畫：平日、短／中／長期兼顧，人生免煩惱

財務狀況若健康，除了可供應財務計畫裡的支出、支應計畫外突來的額外費用，還可確保在任何情況下，財產都依個人願望進行安排與處分，這種「一切都安排妥當」的規畫，將有助你在心態上免於恐懼與憂慮，能安心度過每一個當下。

第6講 財務計畫：平日、短/中/長期兼顧，人生免煩惱

【孫子兵法・九變篇】

孫子曰：凡用兵之法，將受命于君，合軍聚眾，圮地無舍，衢地交和，絕地勿留，圍地則謀，死地則戰。途有所不由，軍有所不擊，城有所不攻，地有所不爭，君命有所不受。故將通于九變之利者，知用兵矣；將不通于九變之利，雖知地形，不能得地之利矣；治兵不知九變之朮，雖知地利，不能得人之用矣。

是故智者之慮，必雜于利害。雜于利而務可信也；雜于害而患可解也。

是故屈諸侯者以害，役諸侯者以業，趨諸侯者以利。

故用兵之法，無恃其不來，恃吾有以待也；無恃其不攻，恃吾有所不可攻也。

故將有五危：必死，可殺也；必生，可虜也；忿速，可侮也；廉潔，可辱也；愛民，可煩也。凡此五者，將之過也，用兵之災也。覆軍殺將，必以五危，不可不察也。

【理財兵法】

九，是數之極；九變，是多變之意。

前面五講的內容，談了所有做財務規畫的原則，以及進行投資需控管的風險，在這最後一講，則由〈九變篇〉告訴我們一個平常甚少被關心的財富管理思維，那就是——在追求財富增長的過程中，絕大多數人關心的都是投資風險，而忽略了內外環境變化時，「可變現性資金」調度對投資決策的影響，以及無法立即變現的財產保障與使用權，該如何永保安康。

〈九變篇〉提到「將有五危：必死，可殺也；必生，可虜也；忿速，可侮也；廉潔，可辱也；愛民，可煩也。凡此五者，將之過也，用兵之災也……，不可不

「將有五危：必死，可殺也；必生，可虜也；忿速，可侮也；廉潔，可辱也；愛民，可煩也。凡此五者，將之過也，用兵之災也……，不可不察也。」〈九變篇〉

＝

將帥可能面臨五種種大的險情：只懂死拚蠻幹，可能被誘殺；只顧貪生活命，可能被俘虜；急躁易怒，可能會中敵人輕侮的奸計；一味廉潔好名，可能落入敵人污辱的圈套；任何情況皆「愛民」，可能導致煩勞而不得安寧。發生以上五件事是將帥的過錯，也是用兵的災難……，不可不好好重視。

察也。」分析各式各樣無法成功理財或投資失利的情況，可以發現問題都不出底下五種人性面的弱點——一個人若只知道死拚蠻幹，就要看運氣與福報有多少；只知貪圖財富的保全，就很容易被利誘俘虜；情緒急躁易怒，就很容易被有心人操弄；只重廉潔好名，就很容易著眼小我而忽略大局，中了對方輕侮的奸計；任何情況都講求「愛」，很可能誤解了什麼是愛，總以為是為對方好，而後導致不間斷的煩擾。

賺錢固然重要，努力了大半輩子賺進的財富，你是否能全權掌控好好運用，或讓自己關愛的人得以受用？別以為這是理所當然的，人生有各種突如其來的變化，不可測知，務必時刻將〈九變篇〉的思維放在心上，理財計畫也務必配合人生各階段的發展與需求，考量「萬一」與規畫「萬一」，讓自己在各種可能情況下，都能保有後路或東山再起。

如果人生是一張全開的畫布，你會怎麼構思這幅畫呢？說眞的，自車禍以後，對於人生畫布上「未來」這一區塊，我始終讓它保持空白，以便擁有無限的想像空間。我深切明白，「未來」是現在一點一滴累積的成果（或說後果），然而生命卻又是無能保證的，誰都無法確定下一刻自己是否仍存於世，唯一能盡力的，只有現在。

這樣的認知幫助我在生活中盡可能珍惜當下。我學習在有限時間裡充實內外在，因付出而更形豐富；配套做好全方位理財計畫，讓自己擁有健康的財務狀況，除了供應計畫裡的支出、支應計畫外突來的額外費用，還可確保在任何情況下，財產都依我的願望進行安排與處分，這種「一切都安排妥當」的規畫，幫助我在心態上免於恐懼與憂慮，能安心度過每一個當下。

什麼樣的財務狀況能稱之爲健康呢？目前正夯的財富管理，目的又是什麼呢？答案是——讓自己的資產能從容面對所有「正常」與「非正常」的情況，而非一般人認知上以爲，是在「正常」情況下追求資本增值、規避稅務風險而已。我衷心期許所有人的財富管理工程，能將全面性的風險管理納入規畫前提；事實上，無法預見的情況才叫做「風險」。

我身邊有個女性朋友，婚後跟先生一起打拚，存錢買房子、車子，育有兩個女兒，一家人過得幸福平順。後來，先生因工作關係長時間派駐海外，時間久了，一個人在海外的孤單與寂寞是外人無法感受的，這樣的情況下，很容易讓另一個人進入自己的世界，塡補情感與生理的需要；於是他在海外有了新歡，而且生下一個兒子。一段時間後，新歡吵著要他離婚，給自己與兒子保障，於是在某一次回台時，他向元配坦承自己另外有了家庭，他想離婚給對方一個交代。但元配不同意並哭訴，難道這兩個女兒就非他所親生？他對自己與兩個孩子難道就沒有責任，不需要交代？先生心裡也清楚，走到這一步是自己所造成，只好回海外安撫新歡，新歡說畢竟兒子是他的命脈，要求他至少將名下的房子轉到兒子名下，沒有名分也要有間房子做爲保障。先生拗不過新歡，心想房子以後反正也是要給兒子，於是答應了，並處理好過戶。

「是故智者之慮，必雜于利害。
雜于利而務可信也，雜于害而患可解也。」〈九變篇〉

Ⅱ

聰明的將帥考慮問題，必須充分兼顧利害。
在不利的情況下要看到有利的條件，大事便可順利進行；
在順利的情況下要看到不利的因素，
禍患就能預先排除。

「故用兵之法，無恃其不來，恃吾有以待也；
無恃其不攻，恃吾有所不可攻也。」〈九變篇〉

Ⅱ

用兵的法則是，別冀望敵人不來，而是自己要準備充分；
別冀望敵人不進攻，而是自己要厚實實力，
使敵人不敢進攻。

沒想到一個月之後，新歡便拿著房屋所有權狀與土地所有權狀來找元配，請元配與兩個女兒搬家，要不就立刻跟先生辦離婚。

〈九變篇〉提到「是故智者之慮，必雜于利害。雜于利而務可信也，雜于害而患可解也。」前述案例，新歡就是在不利情況下看到有利的條件，而元配則未多加留心，並未在順利情況下看到不利的因素。〈九變篇〉也提到「故用兵之法，無恃其不來，恃吾有以待也；無恃其不攻，恃吾有所不可攻也。」如果我這位朋友在進入婚姻後，除了用心經營家庭，也相對用心在財務上做完善安排，當先生購買房子時，同時思考到發生任何狀況的因應之道，先做好房屋的他益信託（見頁一八九），這樣的窘境就不會發生了。

人生3階段的財務需求

在財務規畫上，可將人生大致分爲三個階段，從單身、結婚生子到退休，不同階段自然會有不同的財務需求，因此需安排不同的金融商品，滿足階段性目標。

① 單身

當你踏出校門那一刻，就開始了自己獨立的財務人生，這個階段要考量的財務計畫通常有三：

(1)家庭責任額：父母這一生都拿來培育你，沒有能力替自己儲備退休金，現在需要你每個月提供生活費給他們。根據二〇〇一年內政部主計處提出的「台灣地區45至66歲退休者預期餘命」統計資料，目前國民平均壽命約爲80歲，因此請以「80」減「較年輕的父或母年齡」，乘以每年預定供給父母的生活費總額，這就是你現階段的家庭責任金。假設你的父親65歲，母親60歲，每個月你需提供雙親共一萬五千元（台幣）生活費，那麼你未來的家庭責任金是：15,000×12×（80－60）＝3,600,000。

(2)消費型儲蓄目標：你可定出階段性消費目標，像是幾年後要買車、結婚、置產，估算金額後，列出「工作收入與支出」計畫表，以及時間表。雖然這些目標都是消費性質，等於你所進行的是消費型儲蓄，但它們卻是人生中不可或缺的。

(3)退休金準備：每個月開始提撥一筆小金額，養成儲蓄退休準備金的習慣。年輕時，很難體會年老的感覺，往往很容易忽略退休議題。若能提早意識到退休準備的重要性，無論金額大小，養成每月提撥的習慣，你將能讓自己贏在起跑點，存起錢來輕鬆，日後用起錢來愉快。※〈詳見本書〈第四講〉「決定財富的三要素」內容〉

一般在這個階段，每月收入可能不多，建議依照每月薪資財務合理分配原則「3:3:3:1」，將收入的3／10分配在「儲蓄與投資」部位（再分低／高風險部位），其中低風險部位的資金比例，請按照自己的年齡來配置，例如現年25歲就分配25％，再加上分配於保險費的1／10部位，以這兩筆不同部位的錢，先規畫基礎的「醫療險」，再運用美國國際保單中

理財小典

何謂他益信託？

當信託的受益人與委託人不同時，此信託合約即為「他益信託」。成立他益信託是為了保障受益人的權益，一旦此信託成立，委託人不得任意更改或撤銷。

前頁案例中，先生是房屋信託的委託人，太太是受益人，發生前述婚姻情況時，先生並無法更改與撤銷此信託合約；而房屋交付信託後，先生也並不具備處分房屋的權利，如此便可保全太太的權益。

萬能壽險的「優利定存＋保險」功能，滿足「家庭責任金」和「退休金準備」需求。特別要注意的是，你所選擇的萬能壽險，最低保證利率（非宣告利率）一定不能低於3％，如此一來才能在長期持有的過程中，避開通貨膨脹可能減損資產價值的風險。

而提撥至「儲蓄與投資」部位的高風險部位金錢，則是用來達成你的「消費型儲蓄目標」需求，建議可直接選擇一檔「單筆參與的股票型基金」，投入未來具備高成長潛力的市場，每月定期定額買入，直到陸續完成各消費型目標。

② 結婚生子

這個階段通常需要負擔房屋貸款、供養雙方或一方的父母，處於支出大額增加的階段，更需要將每一分錢運用到極致，才能面面俱到。這個階段的考量重點是「家庭保障」，因為階段性的消費型儲蓄目標，隨著家庭成員的增加而改變了。

(1)家有學齡前孩子：建議運用美國國際保單中的萬能壽險，這項相較於國內保險商品保費低、利率高的選擇，可增加你自己的壽險保障。基礎保額須涵蓋「房貸餘額」、「父母孝養金總額」（即單身時期的「家庭責任金」）、「至少十年的家庭生活基本支出」【包括：生活費（不含娛樂費）、純壽險與醫療保險的基礎保險費（不含儲蓄險）、小孩學費】。

一個家庭少了一個經濟支柱，影響所及不只是一份收入來源而已，而是在家庭勞務與情感支持上少了一個角色分擔，這時若欠缺「至少十年的家庭生活基本支出」準備金，蠟燭兩頭燒的結果，會使這個家得花更長時間才能步入正軌。至於消費型儲蓄目標如家庭旅遊、栽培孩子的才藝費用等等，則可視這個階段工作所得的增長，調整每月購買定期定額基金的金額。

(2)孩子念小學、中學：隨著孩子進入小學、中學階段，養育與教育孩子的費用相對而言較少、較固定，房貸餘額也逐年遞減，不過家庭收入則將隨著夫妻各自在職場上的成長而逐步增加，這時正是規畫孩子大學教育基金、夫婦兩人退休金的大好時機。這個階段除了應繼續執行之前的計畫，可別因手頭較之前寬裕而增加太多旅遊、購物等預算，而應依照財務合理分配原則「3:3:3:1」，重新安排夫妻兩人新增的收入，依照比例增加生活支出費用，提升生活品質，並搭配「無風險理財方程式」，同步增加儲蓄與投資部位的金額（將已減少的房貸金額納入）。建議重新整理家庭財務計畫如下——

如果家庭成立之初，經濟能力已很寬裕，壽險額度涵蓋了全面性的家庭保障（包括子女的大學教育基金），那麼現在每月可增加投入「儲蓄與投資部位」的金額，並分成兩個區塊規畫：一是按照內政部主計處公告的大學學費，加上每年學費的年增長率，計算子女教育基金總額，再根據有多少時間做準備，計算每月應提撥的預算，這筆預算就全數投入定期定額買基金。二是扣掉「每月提撥規畫子女大學教育基金」的預算後，將剩下的錢納入夫婦兩人的退休準備金計畫，可選擇「儲蓄退休保險商品」、「年金類商品」。

如果家庭成立之初，經濟能力有限，壽險額度並未包括子女的大學教育基金，但爲了支應生活中不其然發生的「萬一」，建議每月可增加投入「儲蓄與投資部位」的金額，同樣分兩個區塊規畫，但就要運用退休保險商品的「壽險功能」，保全子女的大學教育基金，買了退休保險之後若有餘，金額再全數投入定期定額買基金。

③ 退休

孩子完成大學學業時，又是你重新檢視財務計畫的好時機。這時所有的計畫要完全以自己與配偶的退休生活爲主，千萬不要再多爲孩子考量，像是幫忙準備結婚基金、購屋頭期款基金，甚至爲繼續進修的孩子準備研究所、留學費用。想廢孩子的武功，幫助孩子無能，最快速的方法就是——什麼都幫他們準備好。

我常說，父母的錢最好留在身邊，自己妥善管理，至少讓自己過一個不虞匱乏的晚年，用剩的再留給孩子，這筆錢無論多寡，對孩子而言都是福報。重點是，你的孩子最遲在大學畢業後就應該經濟獨立，學會面對社會的挑戰，扛起自己人生的責任。這時候的你要退到第二線，以多年累積的人生經驗值，無論是成功或曾經失敗的作法都坦然與孩子分享，這些都將是很正面的教材。但切記，這可不是要你倚老賣老——沒經驗過的，不准孩子碰；曾有不好經驗的（但卻不曾弄清原委），也不准孩子碰。畢竟，有些原則雖是亙古不變，如財務分配原則、克服人性弱點擬定策略等等，但有些選擇卻會隨著時代而變化，每個世代都會有更創新的想法，去經營自己不一樣的人生。

例如，我知道自己爸爸那一輩的投資理財方式很簡單，他們都是在國內以本地貨幣做定存、買股票、買房地產，繼而隨著台灣經濟起飛，生活也富裕了起來。現在，爸爸已經70多歲了，面對台灣經濟環境往下滑的衝擊、全球化速度加快所產生種種好與不好的影響，多年來，銀行定存利率一直落在0.8％～2.3％；此外，股市投資也變得更投機，房地產價格滿天飛，房屋貴得讓中產階級卻步……，如果身在這種大環境，爸爸仍堅持以他過去投資理財的方法管理退休金，他將面臨錢越來越小、投資環境越來越困難的處境，而且他的年齡也越來越長，已無法從事勞務來增加收入，只能藉著符合現代的投資理財方式，幫助自己對抗通貨膨脹，穩健溫和地追求資本增值。

可喜的是，爸爸在投資理財方面的態度是開放的，他很願意學習新觀念。同樣遵循「無風險理財方程式」的他，近年來，將占退休金比重高達70％的台幣定存部位，運用較強勢、存款利率較高的外國貨幣，解決了「錢只出不進」的擔憂。幾年下來，爸爸在紐幣、澳幣上除了穩賺3％～5％的定存利息，每一區間買進賣出的價差，更平均有10％～20％的匯差報酬。此外，剩下的30％退休金比重，他則透過孩子們的協助，在國外找到適合退休人士進行投資的商品，參與全球股市（買連結基金），以期追求長期穩定的資本增值。

4個帳戶清楚管理現金流

記帳，是一種了解自己消費習慣的方法，倘若已認眞記帳了解自己的支出狀況，卻未進一步規畫、刪縮金錢的分配與運用，這樣仍是枉然。如果你想改變財務現況，就得努力增加收入，同時降低支出，才能產生正向的現金流。

至於該如何好好管理金錢，確切執行金錢的分配與運用計畫，別忘了要善用「財務合理分配原則」與「無風險理財方程式」，並搭配四個管理現金流的帳戶，不僅可解決花時間記帳的困擾，更重要的是，它們能隨時隨地讓你的理財與投資計畫變簡單。以下是我自己用來管理現金流的四個帳戶——

① **薪資帳戶**

僅留每個月的生活開支預算（占每月收入3／10），用以支付餐飲、購物、交通、娛樂、學習、父母孝養金費用，而且只有這個帳戶有提款卡。

② **固定支出帳戶**

每個月從薪資帳戶提撥到此帳戶的預算（包括：占每月收入1／10的保險費、3／10的住房支出、3／10的儲蓄與投資金額），用來支付每月房貸、每月定期定額基金、每月跟會、每月固定慈善捐款、每年保險費（壽險、醫療險、退休儲蓄保險）、每年旅遊預算，以及一年之中給父母的額外紅包（父親節、母親節、生日、過年）。

③ **定期不定額存款帳戶**

理財小典

關於優利定存與基金收益

考慮購買美國國際保單萬能壽險、善用它優利定存特色的人，別擔心，這些收益會一直在保險計畫中複利滾存，目前並沒有比它利率更高的存款商品，你可等到退休時再結清帳戶，提出所有的錢，或是分年提款。

另外，對於投資基金所產生的收益，由於基金適合長期持有（往往會超過五年），基金贖回時所產生的收益，則依「無風險理財方程式」再配置一次已累積資產即可。

這是一個只能隨時存、無法提領的一年期定存帳戶，用來儲存每個月「薪資帳戶」中沒用完的錢，以及額外的收入（包括演講講師費、績效獎金、年終獎金、股票投資所得）。待一年到期後，就把錢納入已累積資金，再根據「無風險理財方程式」，以合適比重進行投資分配。

④ 台灣股票投資帳戶

這個帳戶常態性放置的資金僅五十萬台幣（從「已累積資金」的高風險部位提撥），投資股票所賺的錢，會轉帳到「定期不定額帳戶」，賠的金額則想辦法賺回（賠了多少錢，看這個帳戶的金額剩多少便可知）。倘若遇到重大經濟事件導致股市大幅下跌，我則是把握機會，增加非常態性資金到此帳戶做投資。

不過，我畢竟是女生，難免會在逛街時看上一些精品，而且金額完全超乎自己的預算，這時理智與欲望一定會天人交戰，至於哪一邊會成功，就看當時的情況。我有太多、太多次被欲望征服的經驗，每一次要付信用卡帳單時，我便得特別安排時間，大費周章地帶著存摺與印章，搭車到離公司有點遠的銀行（我故意選擇離自己公司頗遠、無法步行前往的銀行，而且刻意不辦提款卡與通儲）去領錢繳卡費，而且隔月還要回補挪動的資金，麻煩的程度令我感到非常懊惱……，直到我再也受不了，便做了一個新決定——往後若想滿足這種意外而至的消費欲望，當月就要更認眞賺錢，以便下個月支付信用卡帳單時，可以輕鬆解決這麼麻煩的程序。沒想到「額外的支出，額外去賺取」這念頭，後來竟產生了令人驚喜的賺錢爆發力。

此外，多多爭取學習進修的機會，投資自己的專業知識，也不失爲幫助自己提升未來競爭力、又可同步降低支出的好方法。像是我們公司每個月都會提供理財、管理與生活運用的相關課程，而且費用不高。我讓自己多花一點時間學習，自然就可少一些時間在街上血拚。

3座資金水庫規畫人生

年紀較長的人常說：「一個人一生擁有多少錢，是命中注定的。」這句話當然是他個人投資理財的經驗値。對某些人而言，這句話是積極的認知，至少要努力過才能安然放下；但對某些人而言，這句話是消極的逃避，爲自己懶於學習投資理財知識、懶於改變自己財務現況找了最佳藉口。這些年來，我則從生活中體會到個性是天生的，後天來自家庭、學校與社會的教育養成了我們的習慣、態度與知識，如果個性決定命運，那麼命中注定擁有多少，自然是看先天的個性爲何，即便加上後天的學習，哪裡能修正個性幾何？曾有一位股市投資大師說：「成功很簡單，順著天走，逆著個性做。」難怪自古以來成功就只屬於少數人，道理人人皆知，但人人做不到。

很多人以爲在學校主修財務金融、財會、經濟、統計，步入社會後從事會計師、保險顧問、投資顧問、財務顧問、銀行理專等金融相關業務的人，一定都很會理財，眞的是這樣嗎？如果眞有一個在金融領域工作的人，說自己樣樣都通，那就代表他樣樣都不精通，因爲這個領域的範圍實在太廣了，術業眞的有專攻，更何況在學校時念書不用功、或入社會工作不認眞的人往往居多，可不是？

曾經，我繳了很多學費，在投資世界起起落落許多年，每年年終看著自己的財務報表，我常反覆自問要怎麼克服自己的瓶頸？後來才發現，除了「術」，欠缺正確理財觀念以及對付自己人性弱點的辦法，最終是無法產生加乘效果的。因此，「了解自己」在財務規畫上是很重要的工程，畢竟你要先對付的，是自己人性面的干擾。這就像是，你徒有財務知識的武功全集，卻沒有武功祕笈協助，就無法參透理財心法觀念，將武功發揮到極致；意即，如果你全盤了解《孫子兵法》所傳授的作戰原則與方法，但若沒參透〈九變篇〉裡五種因將帥性格所致的危險，哪怕是贏了戰爭，也只能算是運氣與福報。再次與大家分享，除了需具備正確的財務觀念與知識，替自己選擇投資理財的方法與工具時，也要一併考量這些方法與工具能否對付自己人性面的弱點，例如——

◎愛花錢（我爸爸曾說，錢在我口袋裡閒著，會有蟲來咬）。

◎沒辦法記流水帳（要求我這個射手座做這件事，不僅太不人道，還降低了消費的美感）。

◎心腸軟，常會拿錢做一些傻事（最後的結果總讓自己懊惱）。

◎應該要為長遠的未來做準備（但及時行樂也很重要呀）。

總之，再好的財務計畫若欠缺執行力，還是等於零。於是，我試著擬定財務規畫，並依照人生各階段目標（包括消費型儲蓄目標）開出三大規格，並分別為它們建立資金水庫（事實上，這幾座水庫也寓有前面提到的四個現金流帳戶概念，只是這裡是談大方向的規畫，現金流帳戶則是實際面的金錢配置），說明如下——

① 隨進隨出水庫

這座水庫放著支應一般日常生活所需的金錢，例如每月食衣住行育樂生活費、每月房貸或房租、每年純壽險與醫療險保費、學習成長費。簡單地說，就是每個月薪水一進帳，就要付錢出去的水庫，因此最懶惰的處理方法，就是運用公司給付薪資的帳戶，管理這座水庫所需的資金。不需考量貨幣風險，也不需做任何投資計畫，只要在每月發薪水後，將這些隨時要支付出去的金額，預留在帳戶裡即可。若你擔心不小心會把固定要支付的保費、慈善捐款、房貸、每年旅遊預算、一年之中要給父母的額外紅包（父親節、母親節、生日、過年）當做生活費花掉，那就跟我一樣，分設兩個帳戶（薪資帳戶＋固定支出帳戶）來管理這些錢，比較安全。

② 可進可出水庫（短／中期目標，十年內）

這座水庫存在的目的，是爲了完成人生各階段的消費型儲蓄目標，爲什麼稱之可進可出呢？因爲人的想法常隨時間而改變，原先預計要換車，可能將就著繼續開；原先預計要遊學，卻閃電結婚；原先預計要生孩子，卻始終沒有緣分。所以，這是爲了幾年內可能用得到、且金額較龐大的消費目標，所做的財務計畫，例如：買車或換車、遊學或旅行、進修、結婚、購屋或換屋頭期款、孩子的教育基金等等。等到資金準備好了，可能會用掉，也可能留在帳戶等待進入新的財務計畫，而這就是人生——儘管不確定用不用得上，仍要爲自己理想的生活型態而準備。

這座水庫主要是讓你安排十年內可完成的計畫，請務必每個月都提撥金額到「儲蓄與投資」區塊的高風險部位（按照無風險理財方程式分配），並針對「已累積資金」做規畫。對於每月提撥用來做「儲蓄與投資」的金額，全數以定期定額買基金，並選擇股票型基金（投資的長期展望必須是正向成長市場，一次以五年爲投資區間）。

對於「已累積資金」的分配，高風險部位可投資單筆股票型基金（若你在這個區塊的可動用資金超過兩百萬，還可提撥一些比例投資股票，請參考表五），中風險部位就全部以定期定額基金配置即可。至於如何判斷基金的風險等級，各代銷的金融機構及所屬網站都備有各商品的風險等級資訊，可供參考。於高風險部位投資單筆股票型基金時，進場的時間點遠較定期定額基金重要（若苦無好的時機，建議放在存款裡繼續等待），操作方式記得跟著經濟循環做投資，但不是要你看每日股市短線訊息而殺進殺出，最簡單保守的參考指標，就是觀察你身邊的人。當他們很熱中投資時，你就停利下車；當他們對投資很恐懼時，你就大膽進場，並投資一段爲期不短的時間，直到街上每個人都在談論投資獲利，即可出場。此外，假設你不知該如何選擇標的，可善用公開資訊如《Smart智富月刊》，這類刊物都會針對公開發行的同類型基金進行比較，建議可選擇大型、且表現優異的標的做投資。

③ 只進不出水庫（長期目標，十～二十年）

年紀尚輕時，很難體會逐漸年老的感覺，我爸爸常說，他好希望我們都不要長大，而他也不會變老，可以一直賺錢養我們（但我相信，他年輕時辛苦賺錢養家，內心應該巴不得我們趕快長大吧）。人生有些事就是沒得商量，特別是年老，而且是長時期的老年生活，想到這一點，我們怎能不為那無法再勞動賺錢的人生階段，做好萬全準備呢？

我之所以從二十多歲開始小額儲蓄退休準備金，眞要感謝車禍帶給我的健康困境。十多年來，我一直認眞看顧年輕的自己，希望讓這副身軀盡可能維持在最佳狀態，即便如此，這些日子以來，身子骨仍時不時爲我帶來不同的挑戰，這讓我不禁擔心，年輕即如此，何況是年老以後？每一次面對健康的煎熬，過程總讓人力不從心，而且還會額外增加特別醫療消費，這些經歷都在敦促著我，一定要更積極累積財富，以使將來進入老年生活時，可以沒有經濟憂慮，選擇最令自己感到舒適的看顧方式。

記得五年前，我的雙腳經常處於無力狀態，整脊治療對我的幫助越來越有限，走路超過十分鐘就感覺走不動了，沒經驗過這種情況的人，很難體會我的痛苦，就像我先生，他一開始很不高興，就連不過十來分鐘的路程我都要搭計程車，他罵我像個大小姐，直到他陪我再度回到神經內科就醫，聽醫生說明我的情況，才明白眞的錯怪了我。但你並不需要捱這種身體的苦痛，來提前感受年老的行動不便，懂得從別人的故事警惕自己，才是聰明人。因此建議你，爲了年老後的自己，務必趁年輕開始打造只進不出水庫。

既然是年老後的自己，這座水庫儲存的至少會是十至二十年以上的計畫，標的選擇需符合三個條件——確定給付（沒有虧損的風險）、對抗通貨膨脹（實質年利率至少3％以上）、規避貨幣風險（要以外幣計價）。若考慮到人性弱點讓人很難長期貫徹財務計畫，則最好選擇——定期定額（可在不同時期，增加相同或不同計畫）、解約會罰款（損失會心痛，心痛讓人猶豫）的金融商品。一般而言，建議以具備儲蓄功能、且利率較佳的「萬能壽險」，以及固定收益的「年金商品」、具停損設計的「投資性年金商品」，進行退休規畫。

但如果手邊的錢太少，無法擬定一個能

理財小典

現在開始，為老後生活做準備

建議可先做定存（外幣），累積三個月的生活緊急預備金。之後，繼續累積金額，一年後就可以買年繳的萬能壽險（做二十年期，滿足壽險保障，儲蓄退休金）。若手邊資金充裕，則還可選擇搭配上文提及的固定收益「年金商品」、具停損設計的「投資性年金商品」商品。

滿足所有財務目標的計畫，該怎麼辦？想買一部三百萬以上的車，或一部只要六十萬的車，這完全是兩件事。解決方案很簡單，好好跟自己溝通，聽聽內在的眞正聲音：該降低需求？還是增加收入？或是延後實現目標的時間？答案一旦浮現，作法就有了，這是上天賦予每個人選擇的自由。

持續學習理財新知

處在一個變化範圍擴及全球、變化速度遠超乎過去經驗的年代，你我爲了生存，都得面對環境變化的衝擊，快速調整自己去適應。如果有人說自己「對投資理財沒興趣」「覺得現階段不需要」「沒時間處理」，就由他去吧。你唯一能做的就是把自己經營好，讓自己在人生各階段達成財務目標，享受當下的生活。

雖然財務規畫的基本原則是固定的，但在不同的人生階段，仍需因應不同的經濟環境，選擇不同的投資理財方向。自從二〇〇八年全球金融海嘯爆發之後，美國政府幾乎是以大量印製鈔票的方式來救經濟，其他國家則爲了對美元的匯價保持穩定，也被迫增加自己貨幣的發行量；而當貨幣大量發行時，價值就會降低，之後將產生的衝擊是可預見的。這幾年，很多人關心國際貨幣龍頭「美元」的走勢看貶，卻不擔心以美元爲準備所發行的各種貨幣（包括新台幣），可能面對更大風險？很多人以爲自己只要不出國，就不需要面對以外幣匯兌新台幣「紙」資產的風險？如今，這種保守的觀念可能需要徹底打破，再加上台海兩岸的交流範圍勢將越來越大、越來越密切，對個人而言，你可了解未來將面對什麼樣的挑戰，又做了多少準備，以迎接這山雨欲來的巨大改變。

有人說：「人生最無奈的是，要走的那一天錢還沒花完；人生最悲哀的是，還沒有走，錢已經花完，卻沒有能力與體力再去工作賺錢。」其實，人生的「極悲」是，一輩子遵守財務原則創造了財富，累積出足以應付順境的金錢，但卻不足以應付逆境所需，也就是類似歷史上「四萬元舊台幣兌換一元新台幣」的窘境，最後只能在這股政治與經濟環境巨變的浪潮底下，瞬間變窮。

一個積極投資理財的人，一定會時刻注意全球產經的變化、各國政府的經濟政策、跨國企業的發展方向，如此一來會較容易掌握潮流，順勢而爲。如果你希望一直保有理財競爭力，那麼請抱持開放的心，在工作之餘，運用以下方式持續學習理財新知，你的生命將有多面向的收穫。

① 閱讀是好習慣

我很慶幸自己生長在知識取得容易且快速的環境，藉由多面向的閱讀可以知道天下事，可以看到不同的國度、文化、年齡、學經歷的人對事情的解讀，從中了解別人看世界的方式。閱讀時，在思想上進行整合，是一種非常奇妙的過程，而且往往能運用在日常生活中，產生新的經驗，讓生命有一種洗刷後再重生的感受。

而提供投資理財資訊的報紙、雜誌、書籍多如牛毛，剛開始我試著找來讀，總覺得選擇太多、無所適從，例如裡頭的資訊常有兩極化的看法，或者根本是在爲行銷與投資布局，這讓理財剛起步的自己更不知從何開始。建議你，可先從財務規畫這個架構開始，找一本看得下、看得懂、容易做且做得到的書，跟著內容規畫出結構，有了結構與該配置的金額，再選擇符合需求的商品做爲解決方案，定期檢視所選商品的報酬是否符合預期發展的方向，適當做調整。不過，我想令大家最頭痛的仍是商品選擇，建議閱讀所有投資方向的資訊之後，選擇中長期趨勢，鎖定與此趨勢相關的投資內容，參考網路或雜誌上同類型商品的評比，便很容易運用資訊做出決定。

② 旅行大開眼界

最初，讓我下定決心克服自我慣性、控制消費慾望，不再淪爲月光族的心靈扳機，就是旅行。雖然年輕時的旅行，主要是以購物、吃喝玩樂爲主，但也同樣有收穫。我看見自己爲了想出國旅行，如何在不影響原有財務計畫之下，積極增加收入、努力存錢；我也看見自己如何在旅行過程中學習控制預算，鍛鍊自己遇事能屈能伸的彈性。然後漸漸的，我的旅行從大量追求物質享樂，轉往觀察各地風土人情，而後來到更內在的自省與探索。消費的風向球轉變了。

尤其是自助旅行，這一直是個學習新知的好方式，從出發前擬定計畫（包含行程的安排、費用的估算），到實際體驗當地生活，每一次都帶來新的學習與領會。我的經驗是，藉著拜訪不同的國家，體驗不同的生活方式，了解不同的文化與價值觀，能爲生活注入新的能量與想法。我一直渴望透過學習、實際執行，找到最能提升自我生命品質的一套生活模式，而且仍不斷修正進化中……。

還記得，二〇〇五年下半年至二〇〇六年上半年，國內各銀行的理專、財經名嘴與報章雜誌，都建議投資人可選擇日本市場做爲資產配置之一，因爲日本經歷了十多年的經濟衰退，基本面已逐漸穩定，未來的報酬可期。在媒體訊息大幅推廣投資日本市場的效應下，許多朋友來電詢問，我則持保留態度，主要原因有二：

(1)現有的投資不好嗎：我看著自己的財務報表與投資損益表自問：有沒有必要調節其中一筆投資轉換到日本市場（當時，手上的投資選擇都符合、甚至超越我要求的報酬）？此番轉換可能產生的報酬，扣除成本，與硬要被我拿來調節、改換的原有投資標的，相比之下，績效眞的會更好嗎？會好多少？會好多久？回答自己這些問題，決定自然很容易地產生了。

(2)我所看到的日本：二〇〇五年底，我跟哥哥一起帶爸媽去北海道自助旅行，二〇〇六年四月再度跟公司幾位主管到日本大阪，參加國際金融研討會，順道還去了京都、神戶、奈良走走。這兩次旅程共拜訪了七個城市，我感受到的是，日本的經濟活動仍很低迷。我試著想像，日本十多年來因經濟衰退，導致就業不易、薪資負成長、政府實施零利率政策（儲蓄實質是負利率）等經濟現況，以及在少子化、國民平均壽命延長的社會現象底下，日本國內擁有堅實存款的40歲以上族群，消費態度轉變得非常保守，根本不敢花錢，會勇敢消費的，多半是不知道父母賺錢辛苦的年輕人。見微知著，這個國家的消費如果這麼低迷，經濟活動相對是不熱絡的，那麼何來條件和因子，能支撐日本市場金融商品在未來產生報酬率？而事後的結果也證明，當時將資金投入日本市場標的，並未如預期產生好報酬。請永遠記得，看到官方數據的同時，要知道統計的基礎是什麼。

③ 聽講座吸收快

回想一九九四年我開始投資基金時，所能取得資訊眞的很有限，除了問我的基金啓蒙老師Michael Wu（這是我在車禍休養後，投入第一份工作的公司董事長），到銀行櫃台實在問不出什麼資訊能讓我多了解有關基金投資的知識。可喜的是，這幾年來，基金投資在台灣已發展得很成熟，市場規模也很大，銀行、投信投顧業、保險公司、財務顧問公司、財經雜誌，都會定期或不定期舉辦一些免費或收費的相關講座，建議可多多利用下班或週末，邀家人與朋友一起聽理財講座。

我經常這麼安排下班與週休二日：平常下班後，約先生一起去聽理財講座，增加兩人的共識，共識越多，力量越大。週六早上則參加理財講座，下午也許前往東北角海岸喝杯咖啡，吹吹海風，看點書或雜誌，再到湯屋去用晚餐，聊聊今天的收穫，泡個湯後返家，結束一天的活動。或是週六下午去聽投資市場展望講座，然後吃個晚餐、看場電影後返家。這樣的安排既可讓兩人共同學習、共同成長，也能一直增加新的談話主題，多一些生活樂趣。

相信自己，力量就來

當年，我還是一個月光族時，每個月雖然過著入不敷出、需要家人金援的生活，內心仍舊感覺自己是富有的。在我下定決心擺脫月光族後，剛開始累積存款，雖然存款只有一點點，我仍覺得自己是富有的，而且相信自己有一天會富有。後來，我花了三年時間，好不容易累積了人生第一個一百萬，沒想到第一次參與股市，在短短不到一年內賠光了所有資金，即使如此我仍相信自己會富有。直到現在，我具備了一定的經濟基礎，更加確信自己會富有，而一路走來，我能擁有這一切，只因自己的態度與信念驅使我做任何事。

人常常會犯錯，我盡可能要求自己不要重複相同的錯誤，我會認眞抽絲剝繭，去想究竟錯在哪裡，思考下一次該怎麼做，當經驗累積得夠多時，正確的機率自然就提高了。至少，我從不因爲犯錯，就責怪自己笨、不夠聰明；反而在心裡、口中充滿感謝，感謝能以這麼少的學費取得實務經驗，並不忘對自己說：「我這麼聰明又有智慧，一定可以搞懂這門學問。」嬰兒學走路總是跌跌撞撞，成年之後的人生歷程一樣磕磕碰碰，如果你連犯錯的勇氣都沒有，一定不可能得到眞正的成功。你必須具備正面的態度，因爲所有過往或現在的一切（包括正面或負面結果），都是幫助你走向正面未來的累積過程。就從這一刻停止怨天尤人吧，將目光拉回自己身上，關注自己內在的眞實反應，眞正的答案才可能出現，然後承認它、接納它，重新做出正面的選擇。相信自己，相信上天總會爲你做出最好的安排，你的信心才會產生力量，你才會看見上天爲你預備的禮物。

前英國首相溫斯頓・邱吉爾說：「成功，是一種從一個失敗走到另一個失敗、卻始終不喪失信心的能力。」你現在的財富處於什麼境地呢？如果管理得還不錯，相信透過我的分享，可以爲你的財富加分；如果管理得一窮二白，請學會相信自己值得擁有所有的好事，好事才會眞的湧上前來。

比賺進財富更重要的事

有錢未必能幸福，但富有卻是值得嚮往的境界。不管你多麼熱中賺錢，都要不斷提醒自己：「什麼才是最重要的？」千萬別忘了，我們追求財富的初衷是爲了追求幸福人生，如果在累積財富的過程中迷失了方向，讓「賺錢」駕馭自己全部的生活，日復一日地麻木追逐金錢，忽略了生命中最重要的自己、家人與朋友，失去了身體健康、和諧的家庭關係與知心朋友，到最後「窮」得只剩下「錢」，這樣的人生是不可能圓滿幸福的。從事財務顧問工作多年，我觀察到，在人生的最後階段，僅有少數人能同時擁有財富、健康、和樂家庭、知心朋友，並且懷有同理心，懂得付出與回饋，這是爲什麼呢？原來大部分人在追求財富的過程中，往往迷失於金錢的追逐，忘了「什麼才是最重要的」。

財富管理，簡單地說就是理財，理財就是理自己的人生，讓人生每個階段可能產生的變化、伴隨而來的財務風險傷害降到最低，最終得安然度過。不同的階段，需要不同的財務計畫對應當時的需求，而完成階段性的財務計畫則能爲自己帶來許多正面的回饋，包括對自己的肯定、感到幸福等等。依馬斯洛的需求理論來推敲，生命的本能都會以滿足生理需求爲起始，因此對於剛開始工作、有能力支配金錢的年輕人而言，有錢購物、品嘗美食、玩樂應該是最感幸福的事。而後當物質欲望逐漸受到滿足時，內在害怕失去的恐懼心理、想要更多的貪婪心理，會讓人產生安全感的需求，你於是渴望累積更多的金錢。當金錢的安全水位到達或超越內心的平衡點，人則往往開始尋求自我價値的實現。在我的經驗裡，我發現許多人的財富累積到了最後階段，都會妥善運用資產，爲自己與他人創造幸福。錢不是賺來存的，是賺來讓自己運用的，一塊錢可以只是一塊錢，也可以有無限大的價値，端看你怎麼發揮它的效益。

記得約莫十多年前，我因爲工作壓力太大，夜間睡眠品質變得很差，導致白天會有頭痛症狀，面露菜色。當時，公司的總經理Mark Ho是我承接專案的直屬主管，他注意到我的狀況，當天就邀請我下班後去游泳，之後安排我做一個加拿大引進的有氧水療，希望有助我舒緩壓力，改善睡眠品質。正巧，我也與另一位同事約了要游泳，之後便一起受邀到亞太會館，而當晚療程結束返家時，在車上我就已昏昏欲睡了。直到現在，我們兩人還念念不忘總經理的用心，讓我們這兩個小女生受到公主般的待遇。對總經理而言，他只不過是花了一筆小錢幫助他的部屬紓壓，對我們而言，我們得到的卻是心中滿滿的感動，覺得自己應該更勤奮工作回報總經理的期待。我們的快樂，也爲總經理帶來了給予的快樂，這筆錢爲他自己與我們都帶來了幸福的感覺。

富有的真正智慧：付出與回饋

「經營之神」王永慶有一句名言：「有錢不去做公益，是一種罪過。」他一生爲慈善事業奉獻無數，在兩岸興學、辦醫，致力於推動弱勢者的教育與貧困就醫醫療補助。他強調，這世上絕沒有不勞而獲的事，社會造就個人或企業的成功，有了成就，就當取之社會、用之社會。富要濟貧，有能力的人要幫助不幸的人，而他總是以身作則實踐自己的理念。二〇〇四年，王永慶在一封寫給子女的家書中提到：「透視財富本質，它終究是上天託付做妥善管理和支配使用，沒有人可以眞正擁有，要做一個好的財富管理者，要善用每一塊錢。」至於「投資之神」巴菲特，他對世人的影響絕不僅止於富豪排行榜的名次，而是他的處世原則與智慧。他以最快的速度累積財富，卻以最簡樸的生活方式使用財富，並以最慷慨的胸襟餽贈財富。這兩位東西方的富豪都是從零開始累積自己的人生，創造了可觀的財富，卻都很有智慧地運用財富，不受制於金錢，爲自己與他人創造幸福，他們一直是我心中的典範。

有錢好孝順，有錢好布施，有錢好自我實現。財務健康，是身爲一個人應該具備的基礎條件，致富的過程則是多面向提升生命的最好歷練。《孫子兵法》雖然談的是戰爭的謀略，但其中的智慧運用在今日的日常生活中，仍是人生遇到各種困難及挑戰時，最佳思考與解決方案。生存在全球競爭的年代，若能善用孫子的智慧，你將知道該如何放大自己的格局，了解人性，運用人性，做對規畫，善用自己與別人的資源，完成人生目標，並且別忘了要回饋社會。

理財ＱＡ

Q 傑夫（45歲）在一家外商公司上班，年薪一百八十萬（台幣），太太小潔（40歲）在貿易公司上班，年收入八十萬，他們有一個10歲的兒子。夫妻兩人除了每月從薪水提撥共同基金，以支付家庭開銷與房屋貸款，此外則個別理財與投資管理自己可運用的資金，例如支付各自的花費開銷、提供給自己父母的孝養金、準備自己的退休金。現在，傑夫和小潔想就「家庭保障」與「退休金準備」來積極做規畫，他們想知道壽險保額應該是多少？每個月應該額外提撥多少錢做爲退休金準備？

A 傑夫和小潔一家三口，他們需要透過財務顧問協助，建立財務需求分析表。通常，財務顧問會如何規畫客戶的財務需求分析表呢？步驟如下——

① 先分析當事人的財務現況。
② 依據當事人對未來的想法，協助他將目標數據化。
③ 依當事人目前的理財與投資能力，回推計算能創造出多少報酬。
④ 就當事人能力範圍內做得到的，討論執行計畫的「期間年限」、「報酬率」，以及可提撥做規畫的「金額」，這三者之間的關係。
⑤ 訂定執行方案。
⑥ 找到符合當事人需求的金融工具。

保障需求分析

	傑夫（45歲）	小潔（40歲）
❶家屬	育有1子，10歲	
❷年收入	NTD180萬	NTD80萬
❸每月家庭支出	12萬 （包括：家庭開銷＋房貸＋夫妻每人支出2萬元／月）	
	NTD9萬／每月支出 （約提撥6成薪資）	NTD3萬／每月支出 （約提撥4成薪資）
❹父母孝養金	NTD1萬／月	NTD1萬／月
❺年支出 （含父母孝養金）	NTD120萬	NTD48萬
	（NTD9萬＋NTD1萬）／月×12	（NTD3萬＋NTD1萬）／月×12
❻家庭維持基金 （家庭責任金）	NTD1,440萬	NTD576萬
	年支出NTD120萬×（22－兒子年齡10歲）	年支出NTD48萬×（22－兒子年齡10歲）
	A.遺族需求法1（有子女者）年支出×（22－么兒年齡） **B.遺族需求法2（單身或無子女者）**年支出×10年	
❼教育基金 （供至大學畢業）	NTD300萬	NTD300萬
	關於教養小孩，每個家庭都有自己的想法，此案例的教育基金金額是男女主人估算的	
❽房貸餘款	NTD450萬	NTD300萬
❾生活緊急預備金	NTD 3萬	0
	建議可以「每月支出×6」加以計算	
❿身後即用基金 （喪葬費）	NTD50萬	NTD50萬
⓫現金需求總和 （項目❻～❿加總）	NTD2,243萬	NTD1,226萬
⓬現有保險金額	NTD200萬	NTD100萬
⓭現有儲蓄投資	NTD450萬	NTD150萬
⓮保障與存款合計 （項目⓬＋項目⓭）	NTD650萬	NTD250萬
⓯壽險保障待補金額 （項目⓫－項目⓮）	NTD1,593萬	NTD976萬
	現金需求總和NTD2,243萬－保障與存款合計NTD650萬	現金需求總和NTD1,226萬－保障與存款合計NTD250萬

量身打造，屬於你的財務需求分析表

這裡所呈現的財務需求分析表，是根據舉例需要而製作，僅供參考，不建議你以此套用自己的情況。每人或每個家庭狀況不同，若你有此需求，請務必尋找合適的財務顧問，透過專業的引導，規畫出專為你量身打造的財務需求分析表（而且還會深入計算報酬率、通貨膨脹率，與你財務目標之間的關係）。

傑夫的退休基金需求分析

❶現在年齡45歲	❷預計退休年齡60歲	❸距離退休尚有15年
❹預期餘命	18.67年 根據民國90年內政部主計處公布之「台灣地區45～66歲退休者預期餘命」計算	
❺預計退休後每月生活費	NTD5萬 建議以現行生活支出的60%～70%水準預估	
❻預估退休後每年生活費（需考量「終值利率因子」）	NTD93.48萬 NTD5萬×1.5580（終值利率因子）×12個月 **※終值利率因子，以15年期通貨膨脹率3%估算※**	
❼應準備的退休基金（需考量「年金現值利率因子」）	NTD1,466萬 NTD93.48萬×15.6785（年金現值利率因子2%） **※年金現值利率因子，以19年期的預期報酬率5%－通貨膨脹率3%估算※**	
❽目前已準備的資金（需考量「終值利率因子」）	NTD522.45萬 NTD450萬×1.1610（終值利率因子） **※終值利率因子，以15年期投資報酬率1%估算※**	
❾退休基金待補金額（項目❼－項目❽）	NTD943.55萬 應準備的退休基金NTD1,466萬－目前已準備的資金NTD522.45萬	
❿每月需提撥金額（需考量「年金終值利率因子」）	NTD44,576 退休基金待補金額NTD943.55萬÷17.6393（年金終值利率因子）÷12 **※年金終值利率因子，以15年期預期投資報酬率2%估算※**	

給傑夫的財務分析報告與建議

現況

壽險保障待補金額	NTD1,593萬
退休基金準備	A.需準備NTD1,466萬，目前已準備NTD450萬（並考量15年期投資報酬率1%的「終值利率因子」），尚需準備NTD943.55萬
	B.在未來15年內，假設傑夫的年收入不變（NTD180萬），以預期年投資報酬率2%來計算，每月需提撥NTD44,576做退休基金準備，即可完成剩餘缺口

建議方案

提撥金額	每月可提撥NTD44,576，1年即可提撥NTD534,912（約等於USD16,700）
方法	運用「美國國際保單 萬能壽險」做規畫
	年繳USD16,700，繳費期間15年，壽險保障為USD50萬（約等於NTD1,600萬），退休當年解約，在保證利率下可拿回USD36.8萬（約等於NTD1,177.6萬）

效益分析

1.投入的資金足夠，僅憑一個簡單的方案，就讓投資理財變輕鬆
2.此方案不僅滿足了傑夫的壽險保障待補金額（NTD1,593萬），在最低保證年利率3%的優質條件下，也讓他完成了退休基金的缺口填補（NTD943.55萬）
3.若能再妥善規畫已累積的資金NTD450萬，傑夫甚至能夠更輕鬆地完成目標，並且極可能超越現在的財務目標

小潔的退休基金需求分析

❶現在年齡40歲	❷預計退休年齡55歲		❸距離退休尚有15年
❹預期餘命	26.22年 根據民國90年內政部主計處公布之「台灣地區45～66歲退休者預期餘命」計算		
❺預計退休後每月生活費	NTD2萬 建議以現行生活支出的60%～70%水準預估		
❻預估退休後每年生活費（需考量「終值利率因子」）	NTD37.39萬 NTD2萬×1.5580（終值利率因子）×12個月 **※終值利率因子，以15年期通貨膨脹率3%估算※**		
❼應準備的退休基金（需考量「年金現值利率因子」）	NTD752萬 NTD37.39萬×20.1210（年金現值利率因子2%） **※年金現值利率因子，以26年期的預期報酬率5%－通貨膨脹率3%估算※**		
❽目前已準備的資金（需考量「終值利率因子」）	NTD174萬 NTD150萬×1.1610（終值利率因子） **※終值利率因子，以15年期投資報酬率1%估算※**		
❾退休基金待補金額（項目❼－項目❽）	NTD578萬 應準備的退休基金NTD752萬－目前已準備的資金NTD174萬		
❿每月需提撥金額（需考量「年金終值利率因子」）（退休基金待補金額÷年金終值利率因子÷12）	NTD27,306	NTD578萬÷17.6393÷12 **※年金終值利率因子，以15年期預期投資報酬率2%估算※**	
	NTD21,256	NTD578萬÷22.6575÷12 **※年金終值利率因子，以15年期預期投資報酬率5%估算※**	
	NTD16,426	NTD578萬÷29.3243÷12 **※年金終值利率因子，以15年期預期投資報酬率8%估算※**	

給小潔的財務分析報告與建議

現況

壽險保障待補金額	NTD976萬
退休基金準備	A.需準備NTD752萬，目前已準備NTD150萬（並考量15年期投資報酬率1%的「終值利率因子」），尚需準備NTD578萬
	B.未來15年內，假設小潔的年收入不變（NTD80萬），以預期年投資報酬率2%計算，每月需提撥NTD27,306做退休基金準備，依照目前收入與支出狀況，根本無法做到
	C.未來15年內，假設小潔的年收入不變（NTD80萬），以預期年投資報酬率5%計算，每月需提撥NTD21,256做退休基金準備，依照目前收入與支出狀況，根本無法做到
	D.未來15年內，假設小潔的年收入不變（NTD80萬），以預期年投資報酬率8%計算，每月需提撥NTD16,426做退休基金準備，才可在現況中完成退休目標

建議方案

評估	小潔的收入較低，需較高的平均年報酬才可滿足壽險保障待補金額，以及退休基金的準備。她需要一個完善的理財與投資計畫，並且每年固定由財務顧問協同檢視是否需調整，才有機會完成目標	
提撥金額	每月可提撥NTD16,426，1年即可提撥NTD197,112（約等於USD6,160）	
方法	**Step1　運用「美國國際保單　萬能壽險」做規畫**	
	年繳USD3,270（占1年提撥金額53%左右），繳費期間15年，壽險保障為USD30萬（約等於NTD960萬），退休當年解約，在保證利率下可拿回USD5萬（約等於NTD160萬）	
	Step2　定期定額買海外基金	
	以剩下的47%提撥金額（約NTD7,700），每月定期定額買基金，投資海外高風險、高報酬的基金。以年報酬率10%計算，15年後約累積NTD323萬	
	「保守版」Step3　加上原有的已累積資金，退休金還是不夠！	
	小潔的已累積資金為NTD150萬，她想放定存，15年後僅為NTD174萬，再加上NTD160萬（壽險期滿領回）、NTD323萬（投資海外基金），距離退休基金目標（NTD752萬），仍有NTD95萬的缺口	
方法（針對小潔已累積的資金）	**「積極版」Step3　已累積資金NTD150萬，套用「無風險理財方程式」配置**	
	低風險部位（40%，60萬）	A.保留生活緊急預備金NTD12萬（每月總支出NTD4萬×3個月） B.剩餘的NTD48萬（約等於USD15,000）投入退休年金商品，預期報酬率3%，15年後累積USD23,370（約等於NTD74萬）
	中高風險部位（60%，90萬）	因小潔個性保守，不擅長判斷投資進場時間點，建議每月定期定額投資「境外基金」，中高風險基金各選一支，五年一期，每月投入NTD1.5萬（約等於USD500），到期贖回再續約，總共做三次「五年定期定額」。期間，以年報酬率5%計算，15年後累積USD135,945（約等於NTD435萬） **每月NTD1.5萬×12個月＝NTD18萬／年** **NTD18萬×5年＝NTD90萬**
	國內定期定額投資「海外基金」	先前曾提撥每月退休金金額規畫的47%，做定期定額海外基金，現在可將年報酬率的追求由10%降至5%，15年後約累積NTD200萬

效益分析

1. 小潔每年提撥至退休金計畫的金額為NTD197,112（約等於USD6,160），然後從中撥出約53.12%的金額（約等於USD3,270），購買「美國國際保單　萬能壽險」，運用它保費低、利率較定存高的特性，完成壽險保障待補金額NTD976萬。另外，在最低保證年利率3%的優質條件下，還可累計一部分退休金NTD160萬（期滿領回）。還有，另將約46.88%的提撥金額，在國內申購定期定額「海外基金」，以追求較高報酬
2. 對於已累積的資金NTD150萬，若小潔捨棄放在定存，而依照「無風險理財方程式」的分散風險原則，將分配在中高風險部位（60%）的NTD90萬拿來投資「境外基金」，如此便可降低原需追求8%以上年報酬的壓力，反倒輕鬆完成了退休金的準備，甚至超越既定的準備目標（NTD752萬），財富增長為NTD869萬（NTD160萬＋74萬＋435萬＋200萬）

行軍篇／地形篇／九地篇／火攻篇／用間篇

【孫子兵法・行軍篇】

孫子曰：凡處軍、相敵：絕山依谷，視生處高，戰隆無登，此處山之軍也。絕水必遠水；客絕水而來，勿迎之于水內，令半濟而擊之，利；欲戰者，無附于水而迎客；視生處高，無迎水流，此處水上之軍也。絕斥澤，惟亟去無留；若交軍於斥澤之中，必依水草而背眾樹，此處斥澤之軍也。平陸處易而右背高，前死後生，此處平陸之軍也。凡此四軍之利，黃帝之所以勝四帝也。

凡軍好高而惡下，貴陽而賤陰，養生而處實，軍無百疾，是謂必勝。丘陵堤防，必處其陽而右背之。此兵之利，地之助也。上雨，水沫至，欲涉者，待其定也。凡地有絕澗、天井、天牢、天羅、天陷、天隙，必亟去之，勿近也。吾遠之，敵近之；吾迎之，敵背之。軍行有險阻潢井、葭葦、山林、翳薈者，必謹復索之，此伏奸之所處也。

敵近而靜者，恃其險也；遠而其挑戰者，欲人之進也；其所居易者，利也，眾樹動者，來也；眾草多障者，疑也。鳥起者，伏也；獸駭者，覆也。塵高而銳者，車來也；卑而廣者，徒來也；散而條達者，樵采也；少而往來者，營軍也。辭卑而益備者，進也；辭強而進驅者，退也；輕車先出居其側者，陳也；無約而請和者，謀也；奔走而陳兵車者，期也；半進半退者，誘也。杖而立者，飢也；汲而先飲者，渴也；見利而不進者，勞也。鳥集者，虛也；夜呼者，恐也；軍擾者，將不重也；旌旗動者，亂也；吏怒者，倦也；粟馬肉食，軍無懸甀也，不返其舍者，窮寇也。諄諄翕翕，徐與人言者，失眾也；數賞者，窘也；數罰者，困也；先暴而後畏其眾者，不精之至也；來委謝者，欲休息也。兵怒而相迎，久而不合，又不相去，必謹察之。

兵非益多也，惟無武進，足以並力、料敵、取人而已；夫惟無慮而易敵者，必擒於人。

卒未親附而罰之則不服，不服則難用也；卒已親附而罰不行，則不可用也。故令之以文，齊之以武，是謂必取。令素行以教其民，則民服；令不素行以教其民，則民不服。令素行者，與眾相得也。

【孫子兵法．地形篇】

孫子曰：地形有通者，有掛者，有支者，有隘者，有險者，有遠者。我可以往，彼可以來，曰通；通形者，先居高陽，利糧道，以戰則利。可以往，難以返，曰掛；掛形者，敵無備，出而勝之；敵若有備，出而不勝，難以返，不利。我出而不利，彼出而不利，曰支；支形者，敵雖利我，我無出也；引而去之，令敵半出而擊之，利。隘形者，我先居之，必盈之以待敵；若敵先居之，盈而勿從，不盈而從之。險形者，我先居之，必居高陽以待敵；若敵先居之，引而去之，勿從也。遠形者，勢均，難以挑戰，戰而不利。凡此六者，地之道也；將之至任，不可不察也。

故兵有走者，有馳者，有陷者，有崩者，有亂者，有北者。凡此六者，非天之災，將之過也。夫勢均，以一擊十，曰走。卒強吏弱，曰馳。吏強卒弱，曰陷。大吏怒而不服，遇敵懟而自戰，將不知其能，曰崩。將弱不嚴，教道不明，吏卒無常，陳兵縱橫，曰亂。將不能料敵，以少合眾，以弱擊強，兵無選鋒，曰北。凡此六者，敗之道也；將之至任，不可不察也。

夫地形者，兵之助也。料敵制勝，計險、遠近，上將之道也。知此而用戰者必勝，不知此而用戰者必敗。故戰道必勝，主曰無戰，必戰可也；戰道不勝，曰必戰，無戰可也。**故進不求名，退不避罪，唯人是保，而利合於主，國之寶也。**

視卒如嬰兒，故可與之赴深；視卒如愛子，故可與之俱死。厚而不能使，愛而不能令，亂而不能治，譬若嬌子，不可用也。

知吾卒之可以擊，而不知敵之不可擊，勝之半也；知敵之可擊，而不知吾卒之不可以擊，勝之半也；知敵之可擊，知吾卒之可以擊，而不知地形之不可以戰，勝之半也。**故知兵者，動而不迷，舉而不窮。故曰：知彼知己，勝乃不殆；知天知地，勝乃不窮。**

【孫子兵法・九地篇】

孫子曰：用兵之法，有散地，有輕地，有爭地，有交地，有衢地，有重地，有圮地，有圍地，有死地。諸侯自戰之地，為散地。入人之地而不深者，為輕地。我得則利，彼得亦利者，為爭地。我可以往，彼可以來者，為交地。諸侯之地三屬，先至而得天下之眾者，為衢地。入人之地深，背城邑多者，為重地。行山林、險阻、沮澤，凡難行之道者，為圮地。所由入者隘，所從歸者迂，彼寡可以擊吾之眾者，為圍地。疾戰則存，不疾戰則亡者，為死地。是故散地則無戰，輕地則無止，爭地則無攻，交地則無絕，衢地則合交，重地則掠，圮地則行，圍地則謀，死地則戰。

所謂古之善用兵者，能使敵人前後不相及，眾寡不相恃，貴賤不相救，上下不相收，卒離而不集，兵合而不齊。合於利而動，不合於利而止。敢問：「敵眾整而將來，待之若何？」曰：「先奪其所愛，則聽矣。」兵之情主速，乘人之不及，由不虞之道，攻其所不戒也。

凡為客之道，深入則專，主人不克；掠于饒野，三軍足食；謹養而勿勞，並氣積力，運兵計謀，為不可測。投之無所往，死且不北。死焉不得，士人盡力。兵士甚陷則不懼，無所往則固，深入則拘，不得已則鬥。是故其兵不修而戒，不求而得，不約而親，不令而信。禁祥去疑，至死無所之。吾士無餘財，非惡貨也；無餘命，非惡壽也。令發之日，士卒坐者涕沾襟，偃臥者涕交頤。投之無所往者，諸、劌之勇也。

故善用兵者，譬如率然；率然者，常山之蛇也。擊其首則尾至，擊其尾則首至，擊其中則首尾俱至。敢問：「兵可使如率然乎？」曰：「可。」夫吳人與越人相惡也，當其同舟而濟，遇風，其相救也如左右手。是故方馬埋輪，未足恃也；齊勇若一，政之道也；剛柔皆得，地之理也。故善用兵者，攜手若使一人，不得已也。

將軍之事，靜以幽，正以治。能愚士卒之耳目，使之無知；易其事，革其謀，使人無識；易其居，迂其途，使人不得慮。帥與之期，如登高而去其梯。帥與之深入諸侯之地，而發其機，焚舟破釜，若驅群羊，驅而往，驅而來，莫知所之。聚三軍之眾，投之於險，此謂將軍之事也。**九地之變，屈伸之利，人情之理，不可不察也。**

凡為客之道，深則專，淺則散。去國越境而師者，絕地也；四達者，衢地也；入深者，重地也；入淺者，輕地也；背固前隘者，圍地也；無所往者，死地也。是故，散地，吾將一其志；輕地，吾將使之屬；爭地，吾將趨其後；交地，吾將謹其守；衢地，吾將固其結；重地，吾將繼其食；圮地，吾將進其涂；圍地，吾將塞其闕；死地，吾將示之以不活。故兵之情，圍則禦，不得已則鬥，過則從。

是故不知諸侯之謀者，不能預交；不知山林、險阻、沮澤之形者，不能行軍；不用鄉導者，不能得地利。四五者，不知一，非霸王之兵也。夫霸王之兵，伐大國，則其眾不得聚；威加於敵，則其交不得合。是故不爭天下之交，不養天下之權，信己之私，威加於敵，故其城可拔，其國可隳。施無法之賞，懸無政之令，犯三軍之眾，若使一人。犯之以事，勿告以言；犯之以利，勿告以害。投之亡地然後存，陷之死地然後生。夫眾陷於害，然後能為勝敗。故為兵之事，在於順詳敵之意，並敵一向，千里殺將，此謂巧能成事者也。

是故政舉之日，夷關折符，無通其使；厲於廊廟之上，以誅其事。敵人開闔，必亟入之。先其所愛，微與之期。踐墨隨敵，以決戰事。是故始如處女，敵人開户；後如脱兔，敵不及拒。

【孫子兵法・火攻篇】

孫子曰：凡火攻有五：一曰火人，二曰火積，三曰火輜，四曰火庫，五曰火隊。行火必有因，煙火必素具。發火有時，起火有日。時者，天之燥也；日者，月在箕、壁、翼、軫也，凡此四宿者，風起之日也。

凡火攻，必因五火之變而應之。火發於內，則早應之於外。火發兵靜者，待而勿攻，極其火力，可從而從之，不可從而止。火可發於外，無待於內，以時發之。火發上風，無攻下風。晝風久，夜風止。凡軍必知有五火之變，以數守之。

故以火佐攻者明，以水佐攻者強。水可以絕，不可以奪。

夫戰勝攻取，而不修其功者凶，命曰費留。故曰：明主慮之，良將修之。非利不動，非得不用，非危不戰。主不可以怒而興師，將不可以慍而致戰。合於利而動，不合於利而止。怒可以復喜，慍可以復悅；亡國不可以復存，死者不可以復生。故明君慎之，良將警之，此安國全軍之道也。

【孫子兵法‧用間篇】

孫子曰：凡興師十萬，出征千里，百姓之費，公家之奉，日費千金；內外騷動，怠于道路，不得操事者，七十萬家。相守數年，以爭一日之勝。而愛爵祿百金，不知敵之情者，不仁之至也，非人之將也，非主之佐也，非勝之主也。故明君賢將，所以動而勝人，成功出於眾者，先知也。先知者，不可取於鬼神，不可象於事，不可驗於度，必取於人，知敵之情者也。

故用間有五：有因間，有內間，有反間，有死間，有生間。五間俱起，莫知其道，是謂神紀，人君之寶也。因間者，因其鄉人而用之。內間者，因其官人而用之。反間者，因其敵間而用之。死間者，為誑事於外，令吾間知之，而傳於敵間也。生間者，反報也。

故三軍之事，莫親於間，賞莫厚於間，事莫密於間。非聖智不能用間，非仁義不能使間，非微妙不能得間之實。微哉微哉，無所不用間也！間事未發，而先聞者，間與所告者皆死。

凡軍之所欲擊，城之所欲攻，人之所欲殺，必先知其守將、左右、謁者、門者、舍人之姓名，令吾間必索知之。

必索敵人之間來間我者，因而利之，導而舍之，故反間可得而用也。因是而知之，故鄉間、內間可得而使也。因是而知之，故死間為誑事，可使告敵。

因是而知之，故生間可使如期。五間之事，主必知之，知之必在於反間，故反間不可不厚也。

昔殷之興也，伊摯在夏；周之興也，呂牙在殷。故惟明君賢將，能以上智為間者，必成大功。此兵之要，三軍之所恃而動向也。

國家圖書館出版品預行編目資料

孫子兵法理財班／陳怡齡著.
——初版——臺中市：好讀, 2010.08
面：　公分，——（名家私塾；03）

ISBN 978-986-178-156-3（平裝）

1.孫子兵法 2.研究考訂 3.理財

563　　99007655

好讀出版

名家私塾 03

孫子兵法理財班

作　　者／陳怡齡
總 編 輯／鄧茵茵
企畫主編／鄭栗兒
文字編輯／簡伊婕
美術編輯／陳淑瑩
圖表繪製／何仙玲
發 行 所／好讀出版有限公司
台中市407西屯區何厝里19鄰大有街13號
TEL:04-23157795　FAX:04-23144188
http://howdo.morningstar.com.tw
（如對本書編輯或內容有意見，請來電或上網告訴我們）
法律顧問／甘龍強律師
承製／知己圖書股份有限公司　TEL:04-23581803

總經銷／知己圖書股份有限公司
http://www.morningstar.com.tw
e-mail:service@morningstar.com.tw
郵政劃撥：15060393 知己圖書股份有限公司
台北公司：台北市106羅斯福路二段95號4樓之3
TEL:02-23672044　FAX:02-23635741
台中公司：台中市407工業區30路1號
TEL:04-23595820　FAX:04-23597123

初版／西元2010年8月1日
定價／250元
如有破損或裝訂錯誤，請寄回知己圖書更換

Published by How-Do Publishing Co., Ltd.
2010 Printed in Taiwan

ISBN 978-986-178-156-3

讀者回函

只要寄回本回函，就能不定時收到晨星出版集團最新電子報及相關優惠活動訊息，並有機會參加抽獎，獲得贈書。因此有電子信箱的讀者，千萬別吝於寫上你的信箱地址

書名：孫子兵法理財班

姓名：______________ 性別：□男 □女　生日：____年____月____日

教育程度：________________________

職業：□學生 □教師 □一般職員 □企業主管

□家庭主婦 □自由業 □醫護 □軍警 □其他______________________

電子郵件信箱（e-mail）：______________________ 電話：________________

聯絡地址：□□□ ____

你怎麼發現這本書的？

□書店 □網路書店（哪一個？）__________________ □朋友推薦 □學校選書

□報章雜誌報導 □其他____

買這本書的原因是：____

□內容題材深得我心 □價格便宜 □封面與內頁設計很優 □其他_____________

你對這本書還有其他意見嗎？請通通告訴我們：

____

你買過幾本好讀的書？（不包括現在這一本）

□沒買過 □1～5本 □6～10本 □11～20本 □太多了

你希望能如何得到更多好讀的出版訊息？

□常寄電子報 □網站常常更新 □常在報章雜誌上看到好讀新書消息

□我有更棒的想法____

最後請推薦五個閱讀同好的姓名與E-mail，讓他們也能收到好讀的近期書訊：

1. ____

2. ____

3. ____

4. ____

5. ____

我們確實接收到你對好讀的心意了，再次感謝你抽空填寫這份回函

請有空時上網或來信與我們交換意見，好讀出版有限公司編輯部同仁感謝你！

好讀的部落格：http://howdo.morningstar.com.tw/

請填妥後對折黏貼，直接投郵即可，無須貼郵票。

廣告回函
台灣中區郵政管理局
登記證第3877號
免貼郵票

好讀出版有限公司　編輯部收

407 台中市西屯區何厝里大有街13號

電話：04-23157795-6　傳眞：04-23144188

沿虛線對折

購買好讀出版書籍的方法：

一、先請你上晨星網路書店http://www.morningstar.com.tw檢索書目或直接在網上購買

二、以郵政劃撥購書：帳號15060393 戶名：知己圖書股份有限公司並在通信欄中註明你想買的書名與數量

三、大量訂購者可直接以客服專線洽詢，有專人爲您服務：客服專線：04-23595819轉230 傳眞：04-23597123

四、客服信箱：service@morningstar.com.tw